125 Übungen zur Gewaltprävention

Das Praxisbuch für Anti-Gewalt- und Deeskalationstrainings

BaER®-sch Deutschland
Deeskalation, Gewaltprävention und Coaching
Tim Bärsch

125 Übungen zur Gewaltprävention
Das Praxisbuch für Anti-Gewalt- und Deeskalationstrainings
Copyright © 2011 Tim Bärsch
Coverfoto: four © Andreas Wolf (www.fotolia.com)
Fotos im Buch: Thomas Müller (Darsteller: Tim Bärsch, Frank Müller)
Text, Cover, Grafiken und Satz: Tim Bärsch

Bibliografische Information der Deutschen Nationalbibliothek
Die Deutsche Nationalbibliothek verzeichnet diese Publikation in der Deutschen Nationalbibliografie; detaillierte bibliografische Daten sind im Internet unter http://dnb.d-nb.de abrufbar.

Herstellung und Verlag: Books on Demand GmbH, Norderstedt
ISBN 9783842357136

BaER®-sch Deutschland
Bewältigung **a**ggressiver **E**motionen und **R**eaktionen
Deeskalation, Gewaltprävention und Coaching
Geschäftsführung: Tim Bärsch
Internet: http://www.baer-sch.de
Epost: kontakt@baer-sch.de

Inhaltsverzeichnis

Vor-denken

*„Tue erst das Notwendige, dann das Mögliche und plötzlich schaffst
du das Unmögliche." (Franz von Assisi)*

Ziel des Buches ist, dass Sie etwas Neues lernen, egal ob Sie Anfänger oder Profi
in dem Bereich sind. Nach Lesen dieses Buches sollten Sie in der Lage sein, mit
wenigen Materialien ein Gruppentraining zu konzipieren und durchzuführen. Eine
gute Qualität als Anleiter erlangen Sie natürlich nicht durch das Lesen, sondern
durch das Anleiten selbst. Um sich ständig zu verbessern, ist es notwendig, das
eigene Handeln immer wieder zu reflektieren und zu überdenken.

Ich möchte mit diesem Buch einen **Schritt in Richtung Gewaltarmut** machen, in
der Hoffnung, dass andere folgen. Dies wird ein langer Weg, der in kleinen Schrit-
ten bereits begonnen hat. Leider gibt es immer Rückschritte (*siehe die heutigen
Nachrichten*). Das Schwierige dabei ist, dass wir das gewohnte Gleichgewicht
verlassen müssen, um vorwärts zu kommen und es wieder zurückzuerlangen, wie
bei jedem Fort-schreiten. Auch weiß ich, dass dieses Buch Lücken (Entwicklungsmöglichkeiten) hat und dass ich es heute schon wieder anders schreiben würde.
Natürlich gibt es schon eine Menge Bücher über das Thema Gewalt. Ich habe zusammenfassend das „Gute" aus einigen herausgesammelt und meine Erkenntnisse
dazu gegeben.

Dieses Buch ist **kein wissenschaftliches Werk und keine Doktorarbeit**. Wo ich
es für nicht notwendig hielt, habe ich auf umständliche Bezeichnungen und
teilweise „richtiges" wissenschaftliches Arbeiten verzichtet. Zugunsten der
besseren Lesbarkeit habe ich mich gegen das „ihr/sein", „Teilnehmerinnen und
Teilnehmer" oder „TeilnehmerInnen" entschieden. Es sind immer beide
Geschlechter gemeint, auch wenn Gewalttäter statistisch eher männlich und
Grundschullehrer statistisch eher weiblich sind.

Ebenfalls zum besseren Verständnis habe ich dieses Buch in **Deutsch** geschrieben
und die „wichtigen" Fremdwörter der Wissenschaft in Klammern dahinter gesetzt.

Viele Informationen habe ich der Online-Bibliothek www.wikipedia.de oder aus dem Internet entnommen. Dort ist oft keine Quellenangabe zu finden.

Wörter, auf deren **Stamm** und deren **Bedeutung** ich besonders hinweisen möchte, habe ich durch einen Bindestrich getrennt und verbunden.

Die meisten Maßnahmen im gewaltvorbeugenden Bereich sind **Gruppenmaßnahmen**. Die Übungen sind oft auch auf Einzelmaßnahmen zu übertragen. Trotzdem spreche ich oft von Teilnehmern. Damit sind die teilnehmenden Menschen einer gewaltvorbeugenden Gruppenmaßnahme gemeint.

Gewalt ist **<u>nicht</u> lustig**. Das weiß ich, aber da ich mittlerweile seit vielen Jahren in diesem Bereich arbeite, habe ich einen gewissen schwarzen Humor als eine Art innere Reinigung (Katharsis) zu diesem Thema entwickelt, der sich natürlich auch in diesem Buch widerspiegelt. (*Manchmal können Sie meinen Humor vielleicht nicht verstehen oder nicht nachvollziehen. Ist nicht schlimm. Das geht meiner Frau auch oft so. Lesen Sie dann einfach weiter.*)

Ich beschäftige mich schon sehr lange mit dem **Thema Gewalt**. In meinen Ausbildungen bei Reiner Gall (AAT®/CT®), Thomas Schut (EP), Stefan Tebbe (WT) und Anita Heyer (NLP) habe ich mein Grundkenntnisse erhalten. Gute Anregungen erhielt ich von erfahrenen Kollegen wie Ralf-Erik Posselt und Rainer Grebert. Im Austausch mit den Kollegen Marian Rohde, Frank Müller, Simone Kriebs, Martin Sattler, Holger Schlafhorst und natürlich meiner Frau entwickelte ich mich dann im gewaltpräventiven Bereich weiter.

Vielen Dank für die Unterstützung bei diesem Buch: Sibylle Bärsch, Lydia Bärsch, Marian Rohde, André Karkalis, Ralf-Erik Posselt, Rosa Gräwe, Angela Waller und Frank Müller

Außerdem Dank an mein MacBook, Meyerbeer- und Senseo-Kaffee, die sehr gut dazu beigetragen haben, dass dieses Buch schnell und *relativ* problemfrei fertig wurde.

Tim Bärsch

Allgemeines

„Die deutliche Sprache der Gewehre verstehen immer nur die Erschossenen." (Wolf Biermann)

Jede Gesellschaft bekommt die Jugend, die sie verdient. Schlimmer noch: Die Gesellschaft bekommt die Jugendlichen, die sie selbst prägen, erziehen und somit erschaffen. Gewalttätige Gesellschaften erschaffen gewalttätige Jugendliche. Doch kann man überhaupt etwas gegen Gewalt unternehmen. Jeder sollte natürlich erst einmal mit „the man in the mirror" (Michael Jackson) anfangen. Bildlich zeigt es Bruce Lee in dem Film „Der Mann mit der Todeskralle". Dort kämpft er erst in einem Spiegelsaal gegen sich selbst, bevor er den „bösen" Endgegner besiegen kann. Also erst an dem Balken im eigenen Auge arbeiten, bevor man sein Gegenüber auf den Splitter in dessen Auge aufmerksam macht.
Gewalt ist allgegenwärtig. Hat die Gewaltbereitschaft zugenommen, abgenommen oder ist sie gleich geblieben? Ich möchte keine von diesen Thesen unterstützen, denn ich glaube nur den Statistiken, die ich selbst „bearbeitet" habe. Was ist überhaupt Gewalt? Jemanden zu schlagen, ist auf jeden Fall Gewalt. Jemanden aufzuschlitzen auch. Aber was ist, wenn der „Aufschlitzer" einen weißen Kittel trägt und mit einem Skalpell den Wurmfortsatz des Blinddarmes entfernen möchte? Was ist, wenn Sie jemanden anschreien, Ihr Kind zur Schule schicken oder jemanden im Straßenverkehr anhupen? Ist das dann immer Gewalt? Wir wissen, dass bereits der erste „geborene Mensch" (Kain) laut Bibel ein Mörder war, laut Untersuchungen 2% der Steinzeitmenschen durch Keulenschläge auf dem Kopf starben, das Mittelalter brutal war, die Weltkriege erbarmungslos waren und es auch heute oftmals (un-)menschlich zugeht. 1776 war übrigens das letzte Jahr, in welchem keine Nationen gegeneinander Krieg führten.
Es wird niemals eine **vollkommene Gewaltlosigkeit** herrschen. Eine Welt voller Gandhis und Jesuse wäre eine reine Traumwelt. Jeder Mensch kann nur versuchen sich diesem Ziel anzunähern. Vielleicht kann man ja von der Natur lernen? **Unsere nahen Verwandten**, die Schimpansen, sind nicht viel anders als wir: Sie haben eine strenge Hierarchie, töten, mobben, setzen Waffen ein, vernichten andere Gruppen usw. Die Bonobos (auch nahe Verwandte) sind hingegen sehr friedlich, empathisch und freundlich zueinander. Was läuft da anders? Die Frauen regieren die Gruppe und immer wenn Stress aufkommt, haben sie Sex, egal mit wem.

0.1 Kinder sind wie kleine Menschen

„Der Mensch steht heute vor der Alternative: Untergang des
Menschen oder Wandlung des Menschen." (Karl Jaspers)

Laut Weltgesundheitsorganisation gehört Gewalt zu den Haupttodesursachen und
ist für 14% der männlichen Sterbefälle weltweit verantwortlich (7% bei den
Frauen). Nach Schätzungen betragen die jährlichen Gesamtkosten der Opfer von
Gewalttaten in den USA 507 Milliarden US-Dollar (6,5% des Bruttoinlandpro-
duktes). „Generation Totschlag" lautete die Überschrift auf Seite 1 der Zeitung
„Die Woche", „Die jungen Brutalos" ist Seite-1-Überschrift von der „Welt am
Sonntag" und jede Woche kommen neue „Horrormeldungen" von Jugendlichen in
die Medien. Aus der Statistik des Bundeskriminalamtes in Wiesbaden können Sie
entnehmen, dass sich die Zahl der Gewalttäter unter Kindern und Jugendlichen
seit 1985 verdreifacht hat. 2005 wurden laut BKA 53,3% der Körperverletzungsdelikte auf Straßen, Wegen und Plätzen von Menschen unter 21 Jahren begangen.
Laut Verkaufszahlen von Ballschlaginstrumenten aus Metall und Holz müsste Ba-
seball in einigen mitteldeutschen Städten mit Abstand die Sportart Nummer Eins
sein. Der Schaden durch hauptsächlich jugendliche Grafittisprayer beträgt jährlich
200 Millionen Euro. Laut dem Stern-Bericht „Die Sechzehnjährigen" von Andreas
Albers werden Jugendliche von einem großen Teil der Bevölkerung als egoistisch,
gewalttätig und „party-geil" angesehen. Rostock, Solingen, Mölln, Erfurt und
Emsdetten sind nur einige Orte, mit denen die Bundesbürger gewalttätiges Verhalten von Jugendlichen in Verbindung bringen. In der Sozialen Arbeit arbeiten pädagogische Kräfte „gegen" „einfach strukturierte" Menschen mit „intellektuellen
Einschränkungen" aus der Unterschicht (abgehängten Prekariat), „merkbefreiten"
„Multi-Problem-Eltern" und „bildungsungewohnten und -fernen" Kinder in Stadt-
teilen mit „erhöhten Erneuerungsbedarf". Etwa ¼ der Familien sind alleinerzie-
hend plus fast ¼ „zusammengewürfelte" Patchwork-Familien. Außerdem sind
noch viele Doppelverdiener (Dink = double income no kids), Adoptivfamilien und
Commuter-couples (ein Partner ist die Woche über weg) vorhanden. 6,8 Millionen
Menschen und 1,7 Millionen Kinder in Deutschland leben von Arbeitslosengeld II
(auch Hartz IV genannt - früher Sozialhilfe) und laut UNICEF leben insgesamt
2,5 Millionen Minderjährige auf Sozialhilfeniveau. Die Anzahl der übergewichti-
gen und essgestörten Kinder nimmt stark zu. In Deutschland sind 2005 insgesamt
25.400 Minderjährige zu ihrem Schutz in öffentlichen Einrichtungen unterge-

bracht worden (im Durchschnitt 70 pro Tag). Die Pisa-Studie zeigt, dass Deutschland nicht so viele gebildete Schüler wie vergleichbare Länder hat. In den Familien findet eine Verschiebung der Macht meist durch Schuldgefühle der Eltern zu Gunsten der Kinder statt. Die Stresserkrankungen von Kindern nehmen zu und auch der Verbrauch von Medikamenten. Immer mehr Kinder und Jugendliche verweigern den Schulbesuch. Rund die Hälfte der 6-jährigen Jungen hat alle „wichtigen" Medien (Fernseher, DVD, Computer und Spielkonsole) im eigenen Zimmer. Stetig findet ein Rückgang der stabilen langfristigen Beziehungen zu Erwachsenen statt, welcher sehr wichtig für die Entwicklung des Kindes ist. Die Scheidungsrate und auch die Unsicherheit in der Bevölkerung steigen beständig. Der Konsum von Drogen ist zu einer Normalität, auch schon im Kindesalter, geworden. In Deutschland sind 2,65 Millionen Kinder und Jugendlichen von der Alkoholabhängigkeit wenigstens eines Elternteiles betroffen. Etwa 2200 Neugeborene pro Jahr (jedes 300.) sind von einer Schädigung durch Alkoholmissbrauch betroffen.

Kinder

Gewalttätiges Verhalten entsteht oft in der Kindheit. Deshalb sollten auch die meisten Vorbeugungsmaßnahmen in diesem Zeitraum ansetzen. Hier bearbeite ich zunächst die „Kindheit". Der Begriff Kind wird in zahlreichen Wissenschaften verwendet und jeweils anders beschrieben, z.B.:

* ein Mensch, der sich in der Lebensphase der Kindheit befindet.
* nach deutschem Recht ist Kind, wer noch nicht 14 Jahre alt ist (siehe z.B. Jugendschutzgesetz § 2 Absatz 1, Strafgesetzbuch § 176 Absatz 1.).
* im Jugendarbeitsschutzgesetz (§ 2) ist die Grenze jedoch erst bei 15 Jahren
* nach dem Kinder- und Jugendhilfegesetz im Sinne von § 7 SGB VIII Art. 1 ist ebenfalls Kind, wer noch nicht 14 Jahre alt ist, allerdings gilt nach SGB VIII als Kind auch, wer noch nicht 18 Jahre alt ist.
* nach Begriffsbestimmung der Kinderrechtskonvention der UNO ist Kind, wer das 18. Lebensjahr noch nicht vollendet hat.
* in der Bibel und anderer Literatur bedeutet „Kind" Einfachheit, Unschuld oder Erinnerung, das potentiell Mögliche der Zukunft.

Die Kindheit ist der Zeitraum im Leben eines Menschen von der Geburt bis zur geschlechtlichen Entwicklung (Pubertät). Kindheit ist dabei mehr ein kultureller Begriff als ein biologischer.

0.2 J(T)ugend

„Die Jugend von heute liebt den Luxus, hat schlechte Manieren und verachtet die Autorität. Sie widersprechen ihren Eltern, legen die Beine übereinander und tyrannisieren ihre Lehrer." (Sokrates)

Der Anteil der Täter zwischen dem 14. und 21. Lebensjahr bei Körperverletzungen liegt meist um die 50% (BKA-Statistiken) und viele Maßnahmen zur Gewaltvorbeugung setzen erst bei Jugendlichen an.

Stichworte zu der Jugend der verschiedenen Jahrzehnte in der BRD:
1900er: Kaiserreich, Jugend als Gefährdung und Unreife, Wandervögel
10er: Erster Weltkrieg, Jugend als Soldaten
20er: Weimarer Republik, Goldene Zwanziger, Bündische Jugend, Louis Amstrong, Fred Astaire
Ende 20er bis 1933: politische Unruhen, Massenarbeitslosigkeit
1933 bis 1945: Hitlerjugend, Zweiter Weltkrieg, „Wer die Jugend hat, hat die Zukunft", Ausbildung zu „guten" Soldaten, Widerstand (z.B. „weiße Rose")
1945 bis 1949: Nürnberger Prozess, Entstehung der BRD und DDR, Wiederaufbau
50er: Wirtschaftsaufschwung, „Wunder von Bern", „anspruchsloser" Rock'n'Roll mit Stromgitarren, Kalter Krieg, Elvis und James Dean
60er: Vietnamkrieg, Kubakrise, Mondlandung? und Mauerbau, Mods und Hippies, „Peace" und „Peace" (Friedensbewegung und Drogen), Woodstock, Studentenbewegungen, RAF, Beatles und Peter Kraus
70er: Baby-Boomer (Jugendliche vor dem Pillenknick), Schulmädchen-Report, Abba, Boney M., Discotheken, „Kinder vom Bahnhof Zoo"
80er: Neue Deutsche Welle, Punk und „New Wave", Null Bock, Generation „Golf", AIDS, Turnschuhe, „Dallas", „Denver" und „Miami Vice", Walkman
90er: Wiedervereinigung, Fußballweltmeister, Rechte Gedanken und „Hooligans", Generation „Fun", Playstation und PC, Techno und Rave, „Gute Zeiten – Schlechte Zeiten"
2000er: Handys und Klingeltöne, 11. September 2001 und „Kampf gegen den Terrorismus", „Arschgeweihgeneration", „chillen", MP3, Retrowellen, Rollenbesetzungs(Casting)sendungen, „Wer wird Millionär" und „Super-Nanny"

Die Begriffsbestimmung des Wortes Jugend ist heute nicht eindeutig. Weder in der Alltagssprache noch in der Fachsprache der Soziologie, der Psychologie oder der Pädagogik gibt es einen einheitlichen Bedeutungsinhalt des Begriffes Jugend. Der Begriff Jugend ist geschichtlich gesehen relativ jung und wurde erst um 1800 häufiger verwandt. Der Begriff des Jugendlichen war dabei ursprünglich doppeldeutig besetzt („Jugend ist Trunkenheit ohne Wein") und diente auch zur Abgrenzung von einer Personengruppe, die als gefährdet erklärt wurde. Der Begriff bezeichnete dann z.B. in der Jugendhilfe der 1880er Jahre eine männliche Person aus der Arbeiterklasse zwischen 13 und 18 Jahren, der Neigungen zur Verwahrlosung, Kriminalität und eine Empfänglichkeit für sozialistisches Gedankengut unterstellt wurde.

Nach Meinung einiger Soziologen zeigen heute bereits Sechsjährige teilweise typisch jugendliches Verhalten. Sechsjährige achten auf ihre Kleidung, hören eigene Musik, grenzen sich von den Eltern ab und müssen ohne Mithilfe von ihren Erziehern Leistung in der Schule erbringen.

Im Gegensatz dazu haben einige Dreißigjährige ihre Ausbildung noch nicht abgeschlossen (z.B. Studenten), leben noch im Haushalt der Eltern und auf deren Kosten.

Während der Begriff Jugend in der Bevölkerung hauptsächlich mit negativen Schlagzeilen in Verbindung gebracht wird (Gewalt, Drogen, laute Musik), ist der Begriff jugendlich in unserer heutigen Gesellschaft positiv belegt mit vital, sportlich und gutaussehend.

Psychologische Begriffsbestimmung

Die Jugendphase ist der Lebensabschnitt eines Menschen nach dem Kindesalter und vor dem Erwachsenenalter. Durch das Eintreten der Geschlechtsreife (Pubertät) ist der gesamte Körper „in anatomische, physiologische und hormonale Veränderungen einbezogen."

In der Jugendphase werden an die Person psychisch und sozial vorgegebene Erwartungen und Anforderungen gestellt, die so genannten „Entwicklungsaufgaben". Diese lassen sich in vier große Entwicklungsbereiche teilen:

- Entwicklung von geistigen und sozialen Fähigkeiten
- Entwicklung der eigenen Geschlechtsrolle
- Entwicklung eigener Handlungsmuster
- Entwicklung eines Werte- und Normensystems

Wenn die Person die vier aufgezählten Entwicklungsaufgaben bewältigt hat, sprechen wir von dem Übergang ins Erwachsenenalter. Ein besonders markantes Kennzeichen für das Erreichen dieses vorläufigen Stadiums der persönlichen Beständigkeit ist in der Regel die geistige und soziale Ablösung von den eigenen Eltern. Psychologisch gesehen beginnt die Jugendphase mit dem Eintritt in die Pubertät und endet mit der Bewältigung der Entwicklungsaufgaben.

Soziologische Begriffsbestimmung
Soziologisch gesehen ist die Jugend der Zeitabschnitt im Leben eines Menschen, in welchem die Gesellschaft, in der er lebt, ihn nicht mehr als Kind ansieht, ihm aber den vollen Status, die Rollen und Aufgaben des Erwachsenen noch nicht zugesteht.

Jugend ist die Altersgruppe der etwa 13- bis etwa 25jährigen, die in soziologischer Hinsicht deshalb besonders hervorgehoben werden kann, weil sie typische als „jugendlich" bezeichnete Verhaltensweisen und Einstellungen besitzt.

Die Ablösung von den Eltern ist ein wichtiger symbolischer Schritt bei der Übernahme selbstständiger gesellschaftlicher Rollen.

Die Abgrenzung der Jugendphase zur Erwachsenenphase kann hingegen kaum altersgemäß festgelegt werden. Die Altersspanne kann heute zwischen 18 Jahren und 30 Jahren liegen. Die wichtigsten Teilbereiche der Erwachsenenrolle sind:
- die berufliche Rolle
- die interaktiv-partnerschaftliche Rolle
- die Rolle als Kulturbürger
- die Rolle als politischer Bürger

Die Reifezeit (Adoleszenz) ist das Übergangsstadium in der Entwicklung des Menschen von Kindheit hin zum vollen Erwachsensein und stellt den Zeitabschnitt dar, währenddessen eine Person biologisch ein Erwachsener ist, aber gefühlsmäßig und sozial noch nicht vollends gereift ist. Das der Reifezeit zugeordnete Alter wird in verschiedenen Kulturen unterschiedlich aufgefasst. In den Vereinigten Staaten wird dieser Abschnitt im Allgemeinen bereits bei Pubertätsbeginn betrachtet: Die Phase beginnt im Alter von 13 Jahren und endet etwa um das 24. Lebensjahr herum. In Deutschland wird die Reifezeit je nach Entwicklungsstadium von 17-24 Jahren betrachtet. Im Gegensatz dazu bestimmt die Weltgesundheitsorganisation (WHO) die Adoleszenz als den Abschnitt des Lebens zwischen 10 und 20 Jahren.

0.3 Junge Männer sind gewalttätiger!?

„Weich ist stärker als hart, Wasser stärker als Fels, Liebe stärker als Gewalt." (Hermann Hesse)

Frauen sind „mehr" als Männer:
Beim Y fehlt ein kleiner Strich und es wäre ein X. Bei den Chromosomen verhält es sich leider nicht anders. Die Frau hat zwei X-Chromosome und der Mann ein X- und ein abgebrochenes X-Chromosom, also ein X und ein Y. Dem Y fehlen einige Informationen und dies unterscheidet dann Mann und Frau. Der Mann hat einfach weniger Informationen. Ist bei der Frau etwas am X-Chromosom defekt, kann es durch Informationen vom anderen X-Chromosom ersetzt werden. Beim Mann geht es leider nicht. Deshalb sind Männer statistisch gesehen öfter rot-grün-blind, autistisch, kommunikationsgestört oder ADHS-betroffen.

Frauen reden aber auch „mehr":
Frauen fangen statistisch früher an zu reden und hören später wieder auf, da sie älter werden als Männer. Auch reden sie *(meiner Meinung nach)* mehr. Oder wie viele Frauen kennen Sie, die lange ruhig sitzen und z.B. angeln oder jagen. Auch Schachgroßmeisterinnen sind recht selten.

Jugendgewalt ist Jungengewalt:
ist ein Satz aus der Sozialarbeit mit gewaltbereiten Jugendlichen. Neun von zehn Körperverletzern sind laut Statistiken männlich. Insgesamt gelten Jungen als aggressiver und scheinen sich mehr zu prügeln als Mädchen. Jedoch sollte nicht außer Acht gelassen werden, dass die weibliche körperliche Gewalt rasant zunimmt.
Männer sind körperlich meist stärker als Frauen und aufgrund des höheren Testosterongehaltes im Körper wohl auch aggressiver. Laut Prof. Dr. Sebastian Scheerer neigen männliche Personen deshalb eher dazu, Aggressionen körperlich auszuleben.
Nach offiziellen Zahlen von Polizei, Gesundheitsdiensten, Weltgesundheits-organisation und anderen werden weltweit 70 - 90% der Gewalt von Männern ausgeübt (fast 100% bei sexueller Gewalt). Laut BKA-Statistiken der letzten Jahre wurden die Gewalttaten zwischen 84% und 87% von Männern ausgeübt.

Jugendgewalt macht Spaß:

Selten musste eine Generation mit so vielen Vorurteilen kämpfen wie die jungen Leute (oft Teenager genannt, abgeleitet von der englischen Endung Teen bei den Zahlen 13 bis 19) von heute. Jugend und Gewalt werden in den Medien oft in einem Atemzug genannt, und tatsächlich ist Gewalt, entwicklungspsychologisch betrachtet, ein jugendspezifisches Problem. Der Anteil der Jugendlichen und Heranwachsenden unter den gefährlichen und schweren Körperverletzern liegt bei um die 50% (BKA-Statistiken). Die Deutsche Shell-Studie schrieb im Jahre 2000: „Die Gesellschaft leidet an den Jugendlichen und jungen Erwachsenen, weil die natürlich schuld sind am „Moral-Desaster": Sie schaden der Gesellschaft als „Spaßversessene" mit Hang zum „Egoismus" und zur „Gewaltbereitschaft".

Das Motto dieser selbstbewusst auftretenden, „thrill"-orientierten Spezies lautet: Gewalt macht Spaß! Befragt man Jugendliche, was denn Gewalt für sie bedeute, antworten diese mit: „Bringt Spaß, bringt Fun, gehört irgendwie dazu."
Wenn ein aggressives Verhalten oft genug zu einem begehrten Ziel führt, kann es nach der Theorie der klassischen Konditionierung zu einer Koppelung des gewalttätigen Verhaltens und des auftretenden Glücksgefühl durch die Zielerreichung kommen. Wenn das Adrenalin in Gang kommt, steigt auch der „Spaß-Spiegel" und der „Nervenkitzel". Später können auch Glückshormone (Endorphine) im Körper bei der Ausübung von Gewalt freigesetzt werden (siehe Film „Uhrwerk Orange").

Anti-Gewalt-Programme (u.a. die Glen Mills School in den USA) gehen davon aus, dass Langeweile den Jugendlichen in Schwierigkeiten bringt. Junge Menschen möchten sich beschäftigen. Gewalttätiges Verhalten ist attraktiv und hat die gleiche Funktion wie andere gesetzliche und ungesetzliche Handlungen in den Jugendszenen. Es geht um den „kick", um „fun" (Spaß). Gewalt verspricht Spannung, Erlebnis und Spaß an einem langweiligen Wochenende. Spaß an der Gewalt, die Suche nach dem „Thrill" (engl. Lust) ist ein zentrales Leitmotiv. „Mit allen Sinnen genießen" heißt ein Spruch aus der Werbung, welcher auch auf das Thema Gewalt zuzuordnen ist.

0.4 Gewaltvorbeugung

Wenn ein Wolf im Wald einem Wolf begegnet, meint der „Ah, sicher ein Wolf.". Aber wenn ein Mensch im Wald einem Menschen begegnet, meint der „Ah! Sicher ein Mörder!"
(Bernd Stromberg in der Fernsehserie „Stromberg")

Der Mensch neigt dazu, einfache Erklärung finden zu wollen. Killer-Computer-Spiele z.B. produzieren Killer-Kinder. Also: Einfach Killer-Spiele verbieten und es gibt keine Killer mehr. *Dann haben wir genauso wenig Mörder wie im Mittelalter, im Wilden Westen oder im Dritten Reich.*
Auch Pädagogen verkaufen gerne ihre Methode als die Wunderwaffe gegen Gewalt. Nur dieses „Kryptonit" kann den „Super(gewalt)mann" besiegen.
Doch leider gibt es unzählige Gründe, weshalb ein Mensch gewalttätig wird. Dementsprechend gibt es genauso viele sinnvolle Präventionsmöglichkeiten: Also unzählige!

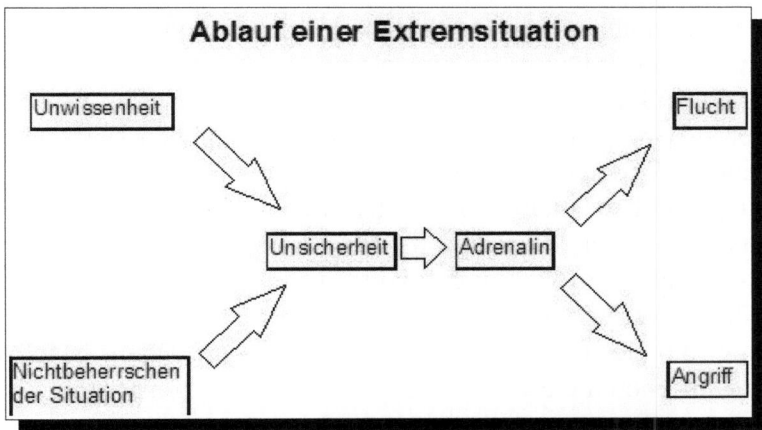

Diese Grafik zeigt vereinfacht, wie eine Extremsituation abläuft. Haben Sie nicht alle Informationen oder können Sie die Situation nicht beherrschen, führt dies zu Unsicherheit. Unsicherheit bedeutet Stress und dass u.a. das Hormon Adrenalin ausgeschüttet wird. Das Blut wird aus den Gedärmen in die Muskeln gepumpt und Sie werden schneller und schmerzunempfindlicher. Rein biologisch gesehen, haben Sie jetzt diese beiden Möglichkeiten: Flucht oder Angriff.

Wenn es um **Vorbeugung** im Gewaltbereich geht, wird meistens der Begriff „Prävention" gewählt, im Suchtbereich „Prophylaxe".

Der Begriff der Prävention stammt aus dem Lateinischen (Prophylaxe aus dem Griechischen) und bedeutet: „Das Zuvorkommen, Vorbeugen". Im Lexikon findet man unter dem Stichwort „Prävention" die Begriffsbestimmung: „Vorbeugung, Abwendung von strafbaren Handlungen."

Nach Ralf–Erik Posselt (Gewalt Akademie Villigst) ist die Gewaltprävention ein gezieltes erfolgreiches Vorbeugen und Intervenieren zur Verringerung und Vermeidung von Gewalt. In der präventiven Arbeit geht es darum, sich mit Kindern, Jugendlichen und Erwachsenen zu verständigen, dass Gewalt verletzt, schädigt und eskaliert. Zur präventiven Arbeit gehören nach Posselt:

1. Situationen von Konflikten, Bedrohungen und Gewalt erkennen und benennen zu lernen,
2. alle Erscheinungsformen von Gewalt zu thematisieren und zu diskutieren,
3. Einbeziehung von Personen (z.B. Notärzte, Opfer, ehemalige Täter), welche in der Lage sind, authentisch verletzende und zerstörende Erfahrungen empathisch zu vermitteln,
4. Ermöglichung von Erfahrungsfeldern, in denen die Zielpersonen aktiv begreifen und verstehen können, welche Ursachen und Wirkungen Gewalt hat und welche Folgen (Spuren) sie hinterlässt,
5. Schaffung eines Sozialklimas zur *„Ächtung von Gewalt"*,
6. Ausprobieren, Überprüfen und Korrigieren der eigenen Person, Überdenken von Positionen, Widersprüchlichkeiten und Gewaltpotentialen,
7. Entwicklung und Erprobung von kreativen Möglichkeiten in Bedrohungs- und Gewaltsituationen, von Interventions- bis hin zu Fluchtmöglichkeiten,
8. Förderung und Entwicklung von deeskalierendem Verhalten und entsprechenden Verhaltensweisen,
9. Erschaffung des Bedürfnisses nach einem andauernden gesellschaftlichen Diskurses zum Thema Gewalt (Ursachen und Wirkungen).

„Was tun?" ist die Frage. Es gibt viele verschiedene vorbeugende Ansätze. Einige sind „gut gemeint", einige in den Medien schön anzusehen und die meisten sind zum Glück positiv.

Es gibt Psychologen, die Vorbeugung bis zum zehnten Lebensjahr für sinnvoll ansehen. Danach wäre es hauptsächlich Schadensbegrenzung. Auch wenn ich dies nicht so sehe, halte ich eine frühe Vorbeugung für die beste. Außerdem sollte die Vorbeugung bei verschiedenen Punkten ansetzen.

Der ganzheitliche Ansatz (Kopf, Herz und Hand) sollte an den verschiedenen Punkten des Ablaufes einer Extremsituation ansetzen:

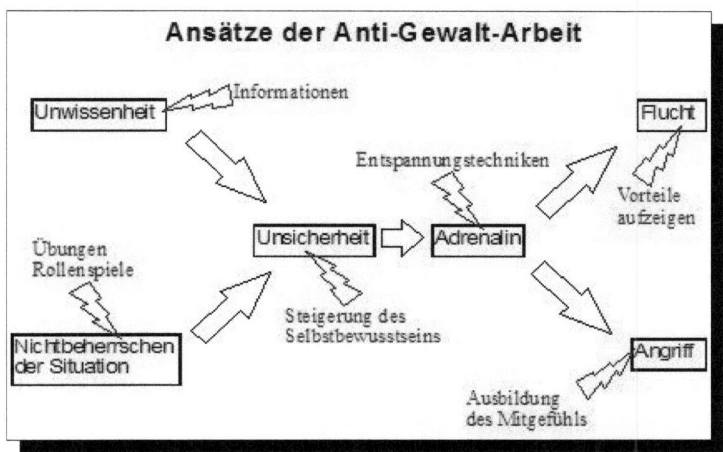

Unwissenheit bekämpfen Sie am besten mit Informationen. Viele Missverständnisse könnten durch Vermittlung von Verständigungsmöglichkeiten, wie z.B. Körpersprache verringert werden.

Durch Übung lernt der Mensch, **Situationen zu beherrschen**. Dies kann in der „Wirklichkeit" oder im geschützten Rahmen in Rollenspielen geschehen.

Mit **Unsicherheit** umzugehen erfordert ein gesundes Selbstbewusstsein. Sie sollten sich selbst bewusst sein, also Ihre Stärken und Ihre Schwächen kennen. Viele erlebnisorientierte Übungen zielen darauf ab.

Durch Atem- und Entspannungstechniken lernen Sie Ihren Körper besser zu kontrollieren und auch in Stresssituationen mit den Auswirkungen des **Adrenalins** in Ihren Adern besser umgehen zu können.

Um einen Menschen **anzugreifen**, benötigen Sie die Fähigkeit, Ihr Mit-gefühl mit dem Opfer zu verdrängen. Sich mit dem Opfer und der eigenen Gewaltgeschichte auseinanderzusetzen, führt meist dazu, dass das Mit-gefühl nicht mehr so gut verdrängt werden kann.

Flucht ist in unserer Gesellschaft meist negativ belegt und ist gleichbedeutend mit „Feigheit" und „Angst". Durch eine Informationssammlung kann gezeigt werden, welche Vorteile eine Flucht und welche Nachteile ein Angriff hat.

0.5   Lernen und Lehren

„Sage es mir - Ich werde es vergessen!
Erkläre es mir - Ich werde mich erinnern!
Lass es mich selber tun - Ich werde verstehen!"
(Konfuzius)

Das Wort **„Lernen"** geht auf die gotische Bezeichnung für „ich weiß" (lais) und das indogermanische Wort für „gehen" (lis) zurück. Die Herkunft des Wortes deutet bereits darauf hin, dass Lernen ein Prozess ist, bei dem man einen Weg zurücklegt und dabei zu Wissen gelangt.
Laut dem Philosoph Arnold von Gehlen (1904–1976) ist der Mensch ein Mängelwesen. Er hat soweit Recht, dass wir im Gegensatz zu Tieren nicht besonders stark und schnell sind oder über besondere Fähigkeiten verfügen. Wir haben eine ganz besondere Spezialisierung. Wir können lernen, und zwar besser als jedes andere Lebewesen.

Dazu müssen wir uns erinnern können und ein **Gedächtnis** haben. Die Grundlage unseres Gedächtnisses bilden 100 Milliarden Nervenzellen. Das sind mehr Zellen als Sterne in der Milchstrasse. Jede einzelne Zelle ist mit bis zu 10.000 anderen verbunden. Sie bilden ein hoch kompliziertes Netzwerk, das als Kabel ausgebreitet 5,8 Millionen km lang wäre und fast zehn Mal um die Erde reichen würde.
Über Verbindungen im Nervennetz tauschen die Zellen elektrochemische Signale aus. Jede Erfahrung formt ein spezielles Muster verschiedener, aktivierter Zellen. Wissenschaftler sprechen auch davon, dass die Nervenzellen feuern. Sind diese Signale besonders intensiv oder werden sie mehrmals wiederholt, entstehen neue Verbindungen im Netzwerk. Das Netz wird enger, wir haben gelernt. Erinnerungen werden also immer als Verknüpfungsmuster unterschiedlich vieler Nervenzellen gespeichert.

Schon bei der Geburt sind sämtliche Nervenzellen vorhanden, es gibt aber praktisch keine Verbindungen zwischen ihnen. Erst wenn das Baby seine ersten Erfahrungen macht, also lernt, erfolgt auch die erste Vernetzung. Schon nach fünf Monaten hat sich ein dichtes Nervennetz gebildet, das ständig weiter ausgebaut wird, und zwar ein Leben lang.

Erinnerungen werden als Verknüpfungsmuster unterschiedlich vieler Nervenzellen in unserem Gehirn gespeichert. Viele dieser Muster können wir noch nach Jahrzehnten aktivieren, andere Erinnerungen, wie zum Beispiel die Vokabeln vom Vormittag, scheinen schnell zu verschwinden. Nur was als stabile Nervenverbindung im Langzeitgedächtnis gespeichert wird, ist auch später immer wieder abrufbar.

Eine Information, etwa eine Vokabel oder auch eine Telefonnummer, kann nicht in einem einzigen Schritt im Gedächtnis abgespeichert werden. Sie durchläuft verschiedene Gedächtnisstufen.

Auf dem Weg ins Gedächtnis landen alle Informationen zuerst im Ultrakurzzeitgedächtnis. Seine Speicherkapazität ist begrenzt. Es kann nur ein kleines Päckchen von bis zu sechs Aktivitätsmustern festhalten, also zum Beispiel sechs Vokabeln. Das aber auch nur für ungefähr 20 Sekunden, denn im Ultrakurzzeitgedächtnis überschreiben neue Informationen ständig die Erinnerungen, die am längsten dort sind.

Nur was ständig wiederholt wird, gelangt ins Kurzzeitgedächtnis. Hier wird das Muster der aktivierten Nervenzellen für etwa eine halbe Stunde sicher aufgehoben. Im Kurzzeitgedächtnis werden Inhalte also nur als Hirnaktivität gespeichert.

Das Langzeitgedächtnis dagegen speichert Informationen in Form von Verbindungen zwischen den Nervenzellen. Diese Dauerspeicherung erfordert eine Umformung im Nervennetz - neue Kontakte müssen gebildet werden. Das kostet Energie. Darum werden hier nur solche Informationen gespeichert, die häufig gebraucht, somit wiederholt werden oder sehr intensiv, also wichtig sind. Je häufiger eine Nervenverbindung im Langzeitgedächtnis aktiviert wird, desto stabiler wird sie ausgebaut und desto länger hält auch die Erinnerung. Werden Nervenverbindungen über längere Zeit nicht angewandt, zerfallen sie wieder, die Information wird vergessen.

Die vier Stadien des Lernens:
1. Unbewusste Nichtfähigkeit
2. Bewusste Nichtfähigkeit
3. Bewusste Fähigkeit
4. Unbewusste Fähigkeit

Beim Lernen des Autofahrens werden diese Stadien sehr gut deutlich und müssen nicht weiter erläutert werden. Zu erwähnen ist, dass Sie, wenn Sie die zweite bis vierte Stufe erreicht haben, nicht wieder in die erste Stufe zurückkehren können.

Sie nehmen über alle **fünf Sinneskanäle** Informationen auf und in Ihrem Gehirn werden diese Informationen durch die Nervenverbindungen miteinander verbunden. Diese Verbindungen können Sie mit einer Schneespur vergleichen. Gehen Sie sie oft, wird sie breiter. Gehen Sie sie selten, wird sie zugeschneit. Wiederholungen und ständiges Training erweitern also diese Spur und Sie können sie leichter gehen, d.h. Sie kommen leichter an das Gelernte. Und die Sinneskanäle sind bei Menschen verschieden ausgeprägt, z.B. „sagt ein Bild mehr als 1.000 Worte". Wenn Sie ganzheitlich lernen, also mit allen Sinnen, oder ein intensives Erlebnis haben, wirkt dies wie ein Schneeflug. Wenn Sie als Kind mal auf eine heiße Herdplatte gepackt haben, benötigen Sie keine Wiederholungen, um zu wissen, dass dies schmerzt. Ihr Erlebnis mit der ersten Urlaubsliebe könnte ebenfalls so intensiv sein, dass Sie dieses Jahrzehnte nicht vergessen.

Weitere Informationen über das Thema Lernen finden Sie auf der Internet-Seite www.lern-psychologie.de von Ansgar A. Plassmann und Prof. Dr. Günter Schmitt.

Nach dem **Psychologen Carl Rogers** (1902 – 1987) gibt es zehn Lernregeln:
- Menschen haben eine natürliche Lernleistungsfähigkeit.
- Lernen von Bedeutung findet statt, wenn der Schüler glaubt, dass der Lernstoff wichtig für ihn und seine Interessen ist.
- Lernen, das eine Veränderung eigener Anordnung der Selbstwahrnehmung beinhaltet, ist bedrohlich und ruft meistens Widerstand hervor.
- Die Lernprozesse, die für das Selbst bedrohlich sind, werden leichter wahrgenommen und aufgenommen, wenn äußere Bedrohungen minimal sind.
- Wenn die Bedrohung des Selbst gering ist, kann Erfahrung detailliert stattfinden und der Lernvorgang kann weitergehen.
- Viel Lernen von Bedeutung findet durch Handeln statt.
- Lernen ist leichter, wenn der Schüler Verantwortung für den Lernprozess übernimmt.
- Selbsttätiges Lernen, das die ganze Persönlichkeit des Lerners (Gefühle und Verstand) einbezieht, ist am längsten anhaltend und am allumfassendsten.
- Unabhängigkeit, Kreativität und Selbstvertrauen sind einfacher, wenn Selbstkritik und Selbsteinschätzung von größerer Wichtigkeit sind als die Bewertung durch andere.
- Das gesellschaftlich nützlichste Lernen in der heutigen Welt ist lernen zu lernen, ständig offen zu sein für Erfahrungen und den Veränderungsprozess in die eigene Persönlichkeit aufzunehmen.

0.6   Orte der Prägung

„Die einzige Zeit in der meine Ausbildung unterbrochen wurde, war meine Schulzeit." (George Bernard Shaw)

Es gibt viele Orte, wo der Mensch lernt. In der Kindheit und der Jugend sind die nächsten drei Bereiche die „Hauptprägeorte".

Familie
In der Literatur über Gewalt in Familien wird bei körperlicher, seelischer und sexueller Gewalt eine Unterscheidung in leichtere und schwerere Formen der Gewalt vorgenommen. Dabei werden die leichteren Formen der Gewalt (Körperstrafen, seelische Bestrafungen) gegenüber den schwereren Formen dieser Gewalt (Misshandlungen) in der Literatur weitaus weniger beachtet. Der Deutsche Kinderschutzbund schrieb zum Thema Körperstrafen im Jahre 2003: „Körperstrafen sind eine nicht zufällige Zufügung kurzzeitiger körperlicher Schmerzen. Auch wenn sie erzieherisch gemeint sind oder zur Kontrolle kindlichen Verhaltens erteilt werden, bedeuten sie eine Herabsetzung des Kindes und eine Verletzung seiner Würde. Dabei muss eine bewusste physische oder psychische Schädigung des Kindes nicht das Ziel der Handlung sein." Die „leichteste" Form der Gewalt gegen Kinder wird oft nur am Rande beachtet: die Vernachlässigung.
Die Hauptvorbeugung findet natürlich weiterhin in den Familien statt. Aber auch hier gibt es eine positive Entwicklung. Durch Diskussionen und Gesetzesänderungen werden Sätze wie „Mir wird niemand verbieten, mein Kind zu schlagen!" nicht mehr öffentlich geäußert. Diese und ähnliche Sätze waren aber laut Kinderschutzbund NRW bis Ende der 80er Jahre keine Seltenheit.

Schule
Nach der Familie ist eines der wichtigsten „Prägeorte" der Kinder und Jugendlichen die Schule. Dies ist ein Gebäude voller Menschen, die nie etwas anderes gesehen haben als verschiedene Wissensvermittlungseinrichtungen unserer Zeit.
Lehrer werden in ihrem Studium oft unzureichend auf ihr Berufsleben und dessen Schwierigkeiten vorbereitet. Nach Abitur, Studium ohne viele Praxisanteile und erster Staatsprüfung werden die angehenden Lehrer in einem zweijährigen

Referendariat mit verhaltensauffälligen Kindern konfrontiert. Das Studium und der Lehrplan bieten hier wenig Unterstützung. Abbrüche und Therapien sind keine Seltenheit. Da nützen verschiedene Statistiken wenig, dass es unter Schülern ca. 8% Täter, 3,4% Täter-Opfer, 25,8% Episoden-Täter, 7% Opfer und 55,9% Unbeteiligte gibt.

Sportvereine
Sport hat nicht nur eine zentrale Funktion in der Gesundheitserziehung von Kindern und Jugendlichen, das Sporttreiben in der Gruppe und im Verein ist auch ein wichtiger Beitrag zur Vermittlung von sozialen Kompetenzen. Wissenschaftliche Studien belegten, dass Jugendkriminalität vorgebeugt werden könne, indem Jugendliche durch Sport langfristige Bindungsmöglichkeiten gegeben würden. Der Verein kann dabei u.a. Folgendes leisten:
– Aggressionen und motorischer Bewegungsdrang können gesteuert abgearbeitet werden.
– Vorhandene körperliche Fähigkeiten können positiv eingesetzt werden.
– Mit vertrauter sportlicher Betätigung können Schwellenängste abgebaut werden (z.B. gegenüber anderen Angeboten) .
– Die Beziehungen von Menschen untereinander und zu ihrer Umwelt können geübt und verbessert werden.
– Das Akzeptieren vorhandener Regeln kann erlernt werden.

0.7 Aggressionstraining

Das **Aggressionstraining (AT)** ist ein Ansatz der Gewaltprävention nach BärSCHlafhorst (Tim Bärsch / Holger Schlafhorst). In den ATs soll der Umgang mit fremden und den eigenen Aggressionen vermittelt werden. Durch die Weiterbildung werden die Teilnehmenden unterstützt und befähigt, selbstständig ATs in Projekten zur primären, sekundären und tertiären Gewaltprävention durchzuführen .

Das AT ist ein Training, welches mit Schulklassen, Jugendgruppen, aber auch mit Straftätergruppen z.B. in Justizvollzugsanstalten durchgeführt wird. Hier werden kurz die sieben Phasen des AT vorgestellt:

1. Der Einstieg
Kennenlernen der Gruppe, Inhalte vorstellen und Regeln / Ziele festsetzen

2. Die Gruppe
Vertrauensübungen und Kooperationstraining

3. Die Gewalt
Was ist Gewalt? Auslöser und Ursachen der Gewalt bei sich und bei anderen erkennen, Vor- und Nachteile von Gewalt erörtern

4. Die Kommunikation
Kommunikative Deeskalation (u.a. Rollenspiele und Körpersprachetraining)

5. Der Teilnehmer
Stärken, Schwächen und Ziele der Teilnehmer erfahren / Themen: Selbstwert – Stolz – Ehre – Familie – Freunde – Drogen – Waffen – Selbst-bewusst-sein

6. Die Tat
Böse Taten oder Straftaten: Neutralisierungstechniken bei sich erkennen und zugeben. Opferperspektive einnehmen und verstehen

7. Der Abschluss
Theorie- und Praxistest: Deeskalationstechniken, Provokationen ohne Gewalt meistern

Die Ausbildung zum Aggressionstrainer dauert ca. 1,5 Jahre und wird hauptsächlich in NRW angeboten. Weitere Informationen zu dieser und anderer Zusatzqualifikationen finden Sie unter **www.baer-sch.de**.

0.8   Die Anleitung

„Der beste Führer ist der, dessen Existenz gar nicht bemerkt wird, der zweitbeste der, welcher geehrt und gepriesen wird, der nächstbeste der, den man fürchtet und der schlechteste der, den man hasst. Wenn die Arbeit des besten Führers getan ist, sagen die Leute: »Das haben wir selbst getan«." (Laotse)

Viele gewaltvorbeugende Maßnahmen geschehen in der Gruppe (meist Kinder und Jugendliche) mit einem erwachsenen Anleiter. Jeder Mensch ist unterschiedlich und somit auch jede Anleitung. Vom laissez-fairen freundlichen bis zum Armee-Befehlston. Jeder hat andere Vorerfahrungen, Grundeinstellungen und Vorbereitungen. Es ist auf jeden Fall von Vorteil, wenn Sie die Teilnehmer gut leiden können. Dies könnte dann auf Gegenseitigkeit beruhen und es wäre eine brauchbare Basis vorhanden. Natürlich ist auch „Ganzheitlichkeit" immer wieder ein Schlagwort. Alle Sinne der Teilnehmer sollten gefordert und Kopf (denken), Herz (fühlen) und Hand (bewegen) sollten angesprochen werden.

Der Anleiter
- schafft einen äußeren Rahmen, in dem sich die Gruppe und die einzelnen Teilnehmer optimal entwickeln können und berücksichtigt die Möglichkeiten der Teilnehmer und deren Grenzen.
- fördert die Entwicklung der Gruppe, gerade in der Anfangsphase, und sorgt sich um den Zusammenhalt innerhalb der Gruppe.
- fördert die Verständigung zwischen den Teilnehmern.
- bietet Struktur für die einzelnen Teilnehmer an, die eine Orientierung des Einzelnen innerhalb der Gruppe erleichtert.
- bietet Erklärungen an.
- konfrontiert.
- berücksichtigt Widerstände auf Seiten der Teilnehmer und Störungen innerhalb der Gruppe.
- bietet Unterstützung und Schutz.
- gibt Rückmeldung und sorgt dafür, dass sich die Gruppenmitglieder untereinander auch Rückmeldungen geben und das Gruppengeschehen offen reflektieren.

Die ganzheitliche (Kopf, Herz, Hand) Kompetenz eines Gruppenleiters:

Die emotionale Ebene (Fühlen): Gruppenleiter sollten den Teilnehmern ein Höchstmaß an Akzeptanz entgegenbringen und sich soweit wie möglich in sie hineinversetzen können (Empathie - Einfühlungsvermögen). Um in Gruppen leiten zu können, ist es notwendig, Konflikte in Gruppen rechtzeitig zu erkennen und mit ihnen arbeiten zu können. Dazu gehört nicht nur Toleranz und die Fähigkeit, auf andere zugehen zu können, sondern auch die Fähigkeit, zwischen verschiedenen Positionen vermitteln zu können. Der Gruppenleiter sollte in der Lage sein, in Kontakt zu den einzelnen Teilnehmern und der Gruppe zu treten und den Kontakt zu gestalten. Voraussetzung dafür sind kommunikative Kompetenzen. Um Gruppen leiten zu können, braucht der Leiter ein Mindestmaß an Begeisterungsfähigkeit, aber auch Geduld. Eigene Erfahrungen als Teilnehmer sind unerlässlich.

Die intellektuelle Ebene (Denken): Der Leiter sollte in der Lage sein, Rahmenbedingungen zu berücksichtigen und deren Rückwirkungen auf das Gruppengeschehen richtig einschätzen zu können. Das Leiten von Gruppen erfordert eine hohe Wahrnehmungskompetenz, d.h. der Leiter sollte in der Lage sein zu erkennen, welche Prozesse in der Gruppe ablaufen, aber auch, wie sich die einzelnen Teilnehmer in die Gruppe einbringen. Wichtig ist dabei, nicht nur auf offensichtliche Beteiligung zu achten, sondern immer auch auf nicht sprachliche Signale einzugehen. Gleichzeitig ist es unumgänglich, Strukturen setzen zu können. Um eine Gruppe leiten zu können, sind Kenntnisse von Gruppenprozessen Grundlage. Dazu gehört z.B. das Wissen von der Dynamik innerhalb von Gruppen, von Gruppenphasen und von Gruppenkonflikten und Konfliktlösungen. Des Weiteren ist die Kenntnis des eigenen Leiterverhaltens wichtig. Der Gruppenleiter sollte in der Lage sein, Sachverhalte für alle verständlich erklären zu können. Dazu sollte er den Sprachgebrauch benutzen, den alle Gruppenmitglieder verstehen. Also meist: wenig Fremdwörter und kurze Sätze.

Die Ebene des Handwerkszeugs (Handeln): Der Gruppenleiter sollte in der Lage sein, aktiv zuhören und darüber hinaus alle Teilnehmer motivieren zu können. Das ist wichtig bei einem Stillstand im Gruppenprozess Hier ist der Leiter gefordert und sollte Anregungen parat haben. Der Gruppenleiter sollte in der Lage sein, den Gruppenteilnehmern und der Gruppe konstruktiv Rückmeldung (Feedback) geben zu können, sowie die Teilnehmer zu befähigen, sich gegenseitig Rückmeldung zu geben. Er sollte die Personen begleiten. Die Autorin Byron Katie schrieb: „Ich bin verantwortlich für all eure Probleme und ihr seid verantwortlich für die Lösungen." Hilfreich ist sicherlich ein vielfältiger Bestand an Übungen aus der Gruppenarbeit.

Jetzt noch ein paar Punkte, über die Sie nachdenken sollten, bevor Sie eine Maßnahme beginnen:

Die Person des Anleiters:

- Der Anleiter sollte sich vorbild-haft verhalten (Lernen nach A. Bandura).
- Er sollte eine positive Einstellung gegenüber anderen Menschen besitzen (positive Wertschätzung).
- Konflikte, Bedrohungen und Gewalt sollten erkannt und benannt werden.
- Es sollte ein Sozialklima zur „Ächtung von Gewalt" vorhanden sein.

Übungsketten:

Die Übungen sollten vom Einfachen zum Schweren (komplexen) übergehen (Zuerst bekannte, dann unbekannte Übungen). Zu Beginn einfache und schnelle Bewegungen, später intensive und langsame Bewegungen. Am Anfang sollten die Übungen angelegt werden, nachher sollten sie zur Eigeninitiative anregen.

Rituale:

Rituale sind bei uns „sozialen Wesen" wichtig. Eine bestimmte Begrüßung, eine Abschlussrunde oder andere Rituale können die Gruppe enger zusammen rücken lassen. Asiatische Kampfsportarten sind z.B. Meister in Ritualen (verbeugen, knien usw.)

Der eigene Stil:

Sie sollten echt (authentisch) sein. Alles was Sie sagen, sollte wahr sein. Aber nicht alles, was wahr ist, sollten Sie sagen. Sie müssen nicht direkt Dieter Bohlen nacheifern, der ständig in der Musik und im Gespräch beweist, dass er über wenig Taktgefühl verfügt. Aber er ist ein besseres Vorbild als irgendwelche Lügner, die ihr Gerede von heute, morgen schon nicht mehr interessiert. Sie sollten Ihren eigenen Stil finden. Sie können sich am besten viele Stile anschauen und die passenden Teile „herausklauen".

Fähigkeitengerichteter (ressourcenorientierter) Ansatz:
Auf Fehlern „rumzuhacken" ist leicht, aber nicht förderlich für die Weiterentwicklung. Die Fähigkeiten der Teilnehmer zu erkennen und diese zu fördern, ist eine schwierige Aufgabe, die alle Aufmerksamkeit und alle Fähigkeiten des Leiters benötigt.

Klare Regeln:
Nach Reiner Gall (Coolness-Training CT®) sind gewalttätige Kinder und Jugendliche in sozialen Bezügen aufgewachsen, die sich durch einen großen Mangel an Vorhersehbarkeit und Berechenbarkeit auszeichnen. Deshalb sind diese Menschen besonders auf klare und eindeutige Angaben angewiesen.

Auswahl:
Je mehr Auswahl an Übungen der Gruppenleiter hat, desto besser und adäquater kann er auf bestimmte Ereignisse in der Gruppe reagieren. In diesem Buch sind die Übungen nach den fünf Gruppenphasen sortiert. Aber natürlich sollte man dies nur als ungefähren Leitfaden sehen und nicht als unumstößliches Gesetz.

Gruppenphase 1 (Orientierung)
41 Übungen zum Kennenlernen, Aufwärmen und Vertrauensaufbau

Gruppenhase 2 (Konflikte)
33 Übungen im Kampf-, Kraft- und Kooperationsbereich

Gruppenphase 3 (Arbeit)
25 Übungen zu den Themen Kommunikation und Gewalt

Gruppenphase 4 (Differenzierung)
12 Übungen zur Stärkung des Selbstbewusstseins

Gruppenphase 5 (Auflösung)
14 Übungen zu den Themen Reflexion, Feedback und Abschied

In diesem Buch sind also insgesamt 125 Übungen, die Sie zu dem jeweils „richtigen" Zeitpunkt anleiten könnten.

0.9 Aufbau einer Trainingseinheit

„Nur wenn du wagst, Dinge zu tun, die du bisher noch nicht beherrscht hast, wirst du wachsen." (Norman Mailer)

Der **erste Grundgedanke** des Trainings ist: Immer wenn Menschen in Gruppen zusammen sind, geschieht „Lernen". Es ist unwichtig, welche Personen aufeinander treffen: Mitglieder aus multikulturellen Gangs, Skinheads, Hooligans, Kneipenschläger, Pädagogen, Lehrer, Psychologen, Ärzte, Auszubildende, Teilnehmer an einem Kindergeburtstag oder Manager eines Unternehmens. Es lernen alle Personen, die bei einem Gruppentraining anwesend sind.

Hauptinteresse in unserem Fall ist das Lernen von Gewaltlosigkeit. Die meisten Trainings basieren auf Lerntheorien, wobei bei dem Thema Gewaltvorbeugung Erkenntnisse der Aggressionstheorien im Vordergrund stehen. Die Teilnahme sollte bedingt freiwillig sein, damit sich ein Erfolg einstellen kann. Die Menschen können sich auf gewaltfreie Lernprozesse nur dann einlassen, wenn sie sich von der Gewalt verabschieden wollen.

> **Gewaltverhalten ist ein erlerntes Verhalten,**
> **somit gibt es auch Möglichkeiten,**
> **Gewalt wieder zu verlernen.**

Es existieren verschiedene Gruppenmodelle. Sie versuchen, Gesetzmäßigkeiten in Gruppen zu beschreiben. Häufig werden hierbei zwischen drei bis fünf aufeinander folgende **Phasen** beschrieben. Das bedeutet nicht, dass jede Gruppe alle Stufen genau so durchläuft. Die hier verwendeten Bezeichnungen sind daher nur ein Beispiel. Nach den Kennzeichen der Phasen werden jeweils mögliche Handlungsansätze des Gruppenleiters dargestellt.

Die Gruppenphasen bei Schulklassen, Sportvereinen oder gewaltpräventiven Maßnahmen sind recht unterschiedlich, alleine schon deshalb, weil die Gesamtlänge der Maßnahme sehr unterschiedlich ist. Manche Maßnahmen sind nur eintägig, andere laufen über mehrere Jahre. Trotzdem kommen alle Phasen vor. Natürlich gibt es auch immer wieder „Rückschritte", d.h. die Gruppe befand sich zum größten Teil in Phase Vier und ist kurze Zeit später aber wieder in Phase Zwei.

Wie für alle Modelle gilt, dass es sich hierbei um eine Verallgemeinerung und eine Annäherung an die Realität handelt. Dennoch kann das Wissen über solche Prozesse für einen Anleiter von großer Wichtigkeit sein, um ein besseres Verständnis für verschiedene Verhaltensweisen zu entwickeln.
Die Gruppenmodelle sind hilfreich, um den Ablauf einer Gruppe analytisch betrachten zu können. Hilfreich sowohl für die einzelnen Gruppenteilnehmer, vor allem aber für die Gruppenleitung. Entscheidend ist, dass die Einteilung in Phasen immer nur modellhaft geschehen kann. Gruppen können in einer Phase hängen bleiben oder Phasen überspringen. Die Modelle können also immer nur ein Hilfsmittel zur Orientierung sein.
Wie beschrieben, sind in den unterschiedlichen Phasen der Gruppenentwicklung unterschiedliche Themen für die Gruppenmitglieder wichtig. Aufgabe der Gruppenleitung ist es, darauf mit entsprechendem methodischem Handeln zu reagieren. Diese Phasen werden in jedem entsprechendem Kapitel noch einmal genauer erläutert.

Erste Phase (ab Seite 30)
Formierung der Gruppe – Orientierungsphase (Forming) Kennenlernphase

Zweite Phase (ab Seite 54)
Auseinandersetzung – Konfliktphase (Storming) Machtkampf- und Kontrollphase

Dritte Phase (ab Seite 75)
Regelung des Gruppenlebens – Konsolidierung (Norming) Vertrauen

Vierte Phase (ab Seite 99)
Zusammenarbeit – Durchführungsphase (Performing) Differenzierungsphase

Fünfte Phase (ab Seite 114)
Auflösung (Adjourning) Ablösephase

1 Gruppenphase Orientierung

„Das große Ziel der Bildung ist nicht das Wissen, sondern das Handeln." (Herbert Spencer)

Erste Phase
Formierung der Gruppe – Orientierungsphase (Forming)
Kennenlernphase

In der **ersten Phase (Voranschluss und Orientierung)** sind Ängste und Unsicherheiten auf Seite der Gruppenteilnehmer vorherrschend. Nähe ist ein zentrales Thema innerhalb der Gruppe. Es geht den Teilnehmern darum, wie viel Nähe sie zulassen wollen und wie viel Distanz notwendig ist. Das Gruppenverhalten besteht aus einem Wechselspiel von Nähe und Distanz. In dieser Phase sind die Teilnehmer auf einen wechselseitigen Informationsaustausch angewiesen. Jeder Teilnehmer ist für sich darauf bedacht, Informationen über die anderen Teilnehmer, die Leitung und die Gruppe als Ganzes zu erhalten.

Merkmale
Die Gruppenmitglieder sind sich einander noch unbekannt und machen erste Gehversuche aufeinander zu. Es besteht noch eine große Unsicherheit, die sich auch in großer Zurückhaltung oder Clownereien zeigen kann. Grenzen werden ausgetestet.

Handlungsmöglichkeiten
Wichtig ist die Teilnehmer miteinander in Kontakt zu bringen und Hemmungen zu überwinden, z.B. durch Kennenlernübungen. Unsicherheit kann durch Schaffung einer positiven Atmosphäre den Wind aus den Segeln genommen werden. Klare Anweisungen und Strukturen sollten vorgegeben, sowie klare Grenzen gezogen werden. Allgemein ist die erhöhte Aufmerksamkeit der Gruppenleitung gefragt, denn Fehlentwicklungen sollten möglichst früh verhindert werden. Später ist dies womöglich nicht mehr oder nur noch sehr schwer möglich.
Wie es anfängt, so geht es in der Regel auch weiter.

Zusammenfassend bleibt festzuhalten, dass der Leiter in der Anfangsphase deutlich mehr Strukturen setzten soll, als in den anderen Phasen. Würde er weniger strukturieren oder sich ganz zurückhalten, würden die in der Gruppe vorhandenen Ängste, Unsicherheiten und Katastrophenphantasien vergrößert. Bei größerer Strukturierung durch den Gruppenleiter verringern sich die Ängste der Gruppenteilnehmer. Im günstigsten Falle wächst hierdurch die Gruppe rascher zusammen. Gleichzeitig wird bei mehr Strukturierung durch den Leiter den Teilnehmern auch die Verantwortung für die weitere Entwicklung der Gruppe abgenommen. Die Weiterentwicklung der Gruppe hängt von unterschiedlichen Elementen ab, z.B. vom Ziel der Gruppe, von der Belastungsfähigkeit der Teilnehmer, von der verfügbaren Zeit sowie von der Geschicklichkeit des Gruppenleiters.

1.1   Kennen lernen

> *„Gott gebe mir die Gelassenheit, Dinge hinzunehmen, die ich nicht ändern kann, den Mut, Dinge zu ändern, die ich ändern kann und die Weisheit, das eine von dem anderen zu unterscheiden. "*
> *(Reinhold Niebuhr)*

Das Kennenlernen der Gruppenteilnehmer und Trainer ist eine wichtige Vorstufe, um Vertrauen aufzubauen. Mit „Hey Du" oder „Wie heißt Du noch mal" wird dieser Prozess immer wieder gestört.

Die erste Übung (Vorstellen mit Schlüsselbund) kann auch als Ritual zu Beginn einer Einheit genutzt werden. Diese Übung baut sehr schnell Vertrauen auf. Übung Zwei (Ich packe meinen Koffer) nutzte ich z.B. zu Beginn der ersten vier Einheiten, wenn sich die Gruppe vorher nicht kannte. Spätestens dann kann jeder jeden Namen.

1.1.1   Vorstellen mit Schlüsselbund

Material: der eigene Schlüsselbund
Gruppengröße: ab 3 Personen
Vorbereitungszeit: keine
Durchführungszeit: 5 bis 15 Minuten

Beschreibung:

Die Teilnehmer (TN) zeigen jeweils ihren Schlüsselbund und erzählen von sich und ihrem Schlüsselbund. Dabei kommen interessante Zusatzinformationen zu Tage, z.B. dass TN1 Arbeit und Privat auch schlüsselmäßig trennt, TN2 viel Fahrrad fährt, TN3 direkt neben seinen Eltern wohnt, ein Pferd besitzt und vergessen hat, wofür die zwei kleinen Schlüssel eigentlich da sind.

Variationen:

Die Vorstellungsrunde mit den Schuhen, dem Mobiltelefon, der Tasche, dem Schmuck, der Jacke oder sonstigen persönlichen Gegenständen durchführen.

1.1.2 Ich packe meinen Koffer

Material:	kein
Gruppengröße:	ab 4 Personen
Vorbereitungszeit:	keine
Durchführungszeit:	5 bis 10 Minuten

Beschreibung:

Die Teilnehmer (TN) sitzen alle im Kreis. TN1 nennt seinen Namen. TN2 nennt den Namen von TN1 und von sich selbst. TN3 nennt die Namen von TN1, TN2 und von sich selbst; usw. usw.

Nach dem Motto „Der Letzte wird der Erste sein" fängt der letzte TN wieder von vorne an. Dann darf TN1 am Schluss alle Namen sagen.

Variationen:

Zu dem Namen wird noch ein Lieblingstier oder eine Eigenschaft genannt. Damit das Erinnern leichter fällt, kann dieser Zusatz auch mit dem gleichen Buchstaben wie der Name beginnen, z.B. „Tim Tigerente" oder „tolpatschiger Tim".

1.1.3 Hinter dem Tuch

Material:	undurchsichtiges Tuch
Gruppengröße:	ab 8 Personen
Vorbereitungszeit:	keine
Durchführungszeit:	10 bis 20 Minuten

Beschreibung:

Die Gruppe wird in zwei Untergruppen geteilt. Zwischen die Gruppen wird das Tuch von zwei Personen gehalten, so dass sich die beiden Untergruppen nicht sehen können. Jeweils ein Gruppenmitglied wird direkt vor das Tuch gesetzt. Auf Kommando wird das Tuch zu Boden fallen gelassen. Jetzt soll das vorne sitzende Gruppenmitglied so schnell wie möglich den Namen des Gegenübers sagen. Der Langsamere wechselt in die andere Gruppe. Diese Übung ist beendet, wenn sich alle in einer Gruppe befinden.

1.1.4 Lieblingstier, -essen, -musikgruppe, -film

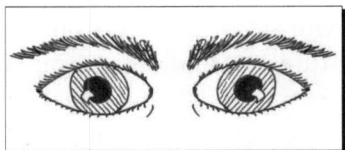

Material:	Papier, Stifte
Gruppengröße:	ab 6 Personen
Vorbereitungszeit:	keine
Durchführungszeit:	15 bis 25 Minuten

Beschreibung:
Jeder Teilnehmer (TN) schreibt in Druckbuchstaben untereinander sein(e) Lieblingstier, -essen, -musikgruppe und -film auf ein Blatt Papier. Dann werden die Blätter zweimal gefaltet und dem Trainer übergeben. Dann zieht jeder TN ein Blatt. Sobald ein TN sein eigenes Blatt zieht, werden alle Blätter wieder eingesammelt und neu verteilt.
Jeder TN liest sein gezogenes Blatt vor und wählt einen TN aus, der seiner Meinung dieses Blatt geschrieben hat - wenn möglich, mit Begründung. Ob der Ratende Recht oder Unrecht hat, wird erst aufgelöst, wenn alle ihr gezogenes Blatt vorgelesen und geraten haben. Am Ende lesen alle noch einmal ihr eigenes Blatt vor.

1.1.5 Augen wiedererkennen

Material:	Papier, Stifte, Kreppband
Gruppengröße:	ab 6 Personen
Vorbereitungszeit:	keine
Durchführungszeit:	10 bis 20 Minuten

Beschreibung:
Je zwei Teilnehmer (TN) schreiben gegenseitig die Augenbeschreibung und den Namen des anderen auf einen Zettel. Der Name wird zugeklebt und die Zettel werden durcheinander verteilt. Jetzt versuchen die TN man anhand der Beschreibung die Augen wiederzufinden.

1.1.6 Wer fehlt?

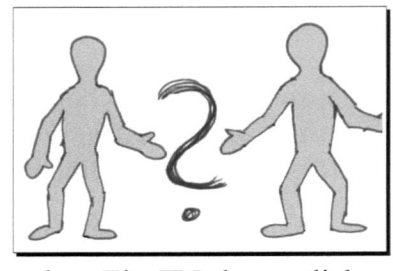

Material: kein
Gruppengröße: ab 10 Personen
Vorbereitungszeit: keine
Durchführungszeit: 10 bis 20 Minuten

Beschreibung:

Zwei Teilnehmer (TN) bekommen die Augen verbunden. Ein TN der restlichen Gruppe verlässt den Raum bzw. das Spielfeld. Die TN mit den verbundenen Augen sollen nun durch Tasten herausfinden, wer fehlt. Sie dürfen dabei miteinander reden, sich absprechen und so gegebenenfalls arbeitsteilig vorgehen.

Variationen:

Kennt sich die Gruppe kaum, so macht ein Teilnehmer (TN) die Augen zu oder er dreht sich einfach um. Ein anderer TN verlässt den Raum. Jetzt dreht sich der TN wieder um (oder die Augen werden geöffnet) und er soll sagen, wer den Raum verlassen hat. Als Ergänzung soll der TN zusätzlich die Kleidung und das Äußere dieser Person beschreiben.

1.1.7 Lizenz zur Neugierde

Material: kein
Gruppengröße: ab 4 Personen
Vorbereitungszeit: keine
Durchführungszeit: 10 bis 20 Minuten

Beschreibung:

Alle sitzen im Kreis und der Anleiter sagt: „Stehe schweigend auf, wenn Du…"
Stufe 1: Allgemeine Fragen, z.B.

- eine Jeans trägst.
- gerne Lakritze magst.
- Geschwister hast.
- Hobbys hast.
- ein Haustier hast.
- verliebt bist.

Stufe 2: Schon-Mal-Fragen, z.B.

- schon mal Schwarz gefahren bist.
- schon mal 30 km/h schneller als erlaubt gefahren bist.

- schon mal sich über einen Freund lustig gemacht hast.
- schon mal die Haare gefärbt hast.
- schon mal geklaut hast.
- schon mal angetrunken Auto gefahren bist.
- schon mal was gewonnen hast.
- schon mal etwas gebrochen hattest.
- schon mal illegale Drogen genommen hast.
- schon mal mit der Polizei etwas zu tun hattest.

Stufe 3: Intime Fragen, z.B.
- im Beruf geschlagen hast.
- einen Schüler ausgegrenzt hast.
- einem Mobbingopfer in der Klasse nicht geholfen hast.
- als Kind von einem Erwachsenen geschlagen wurdest.
- wenigstens eine Strafanzeige hattest.
- einen Menschen verloren hast, der Dir nahe stand.

1.1.8   Manchmal ja – manchmal nein

Material: kein
Gruppengröße: ab 4 Personen
Vorbereitungszeit: keine
Durchführungszeit: 5 bis 15 Minuten

Beschreibung:
Die Teilnehmer (TN) versammeln sich in der Mitte des Raumes. Die linke Ecke steht nun für „Ja" und die rechte Ecke für „Nein". Zu jeder vorgelesenen Aussage sollen die TN Stellung beziehen. Sie sollen in die linke oder in die rechte Ecke gehen. Es gibt keinen Punkt, der sich dazwischen befindet. Folgende Aussagen können u.a. vorgelesen werden:
- Mir fällt es schwer zu verlieren.
- Körperliche Gewalt ist nicht so schlimm wie seelische Gewalt.
- Ich würde mich auch mit einer Waffe verteidigen.
- Männer sind gewalttätiger als Frauen.
- Ohne Fernsehen und Computer wäre die Gesellschaft nicht so gewalttätig.
- Manchmal würde ich mich mit einer Waffe sicherer fühlen.
- Ich habe selbst schon unter Gewalt gelitten.

- Gewalttäter müssten härter bestraft werden.
- Bomberjacken und Springerstiefel sollten in der Schule verboten werden.
- Ich finde Schuluniformen sinnvoll.
- Ausländer sind gewaltbereiter.
- Gewalt gegen Gewalt kann sinnvoll sein.
- Eine Ohrfeige in der Erziehung kann manchmal notwendig sein.
- Ich kann gut anderen Menschen verzeihen.
- Ich war schon bei einer blutigen Schlägerei dabei.
- Es könnten Situationen kommen, in denen ich Gewalt anwende.
- Gewalt kann Spaß machen.
- Die Todesstrafe sollte für einige Verbrechen wieder eingeführt werden.

1.1.9 Aufreihen

Material: kein
Gruppengröße: ab 4 Personen
Vorbereitungszeit: keine
Durchführungszeit: 10 bis 20 Minuten

Beschreibung:
Aufgabe ist es, so schnell wie möglich sich z.B. nach Schuhgröße zu ordnen. Die Gruppe soll sich nach einer bestimmten Reihenfolge geordnet aufstellen, z.B.:
- alphabetisch nach Vornamen (ohne Worte)
- nach Geburtsdatum (ohne Worte)
- nach Körpergröße (mit verbundenen Augen)
- nach Schuhgröße (stumm und mit verbundenen Augen)
- nach einer Nummer, die jedem in die Handfläche getippt wurde

Variationen:
Die Gruppe soll sich auf einer Turnhallenbank, einem Seil oder einem langen Baumstamm ordnen, ohne den Boden zu berühren.

1.2 Regeln

„Wird der Geist durch eine neue Erfahrung erweitert, kann er niemals in seine alten Grenzen zurückkehren." (Oliver Holmes)

Regelverstöße sind das Ergebnis einer Kosten-Nutzen-Rechnung. Dies kann offen, heimlich, bewusst oder unbewusst ablaufen. Wir verstoßen auch ständig gegen Regeln, wenn der Nutzen größer ist als die Kosten. Ich fahre z.B. auf der Autobahn bis zu 20 km/h schneller als erlaubt, weil ich schneller voran komme, selten geblitzt werde und wenn doch, nicht mit einer Führerscheinsperre zu rechnen habe.

Ziel bei einer Grenzsetzung ist es, die Kosten höher zu treiben und den Nutzen zu minimieren. Wichtig: Gerade **Stolz** und **Aufmerksamkeit** sind hohe Punktzahlen auf der Nutzenskala. (*„ Lieber aufrecht sterben als auf Knien leben. "*)

Teilweise können wir auf den ersten Blick den Nutzen für den Anderen nicht sehen. Das **Eisbergmodell** erklärt, warum es nicht immer so klar für uns ist. Nach diesem Modell ist ein kleiner Teil des Berges sichtbar und der viel größere Teil ist unter der Oberfläche. Also sind für uns viele Verhaltensweisen von Anderen gar nicht erklärbar, weil wir die Information unter der Oberfläche nicht besitzen.

„Klare Linie mit Herz"
Die Vorteile der klaren Regeln und Sanktionen sind:
- Eine klare Regel muss im Konflikt nicht mehr begründet werden.
- Es gibt nur noch wenige und kurze Diskussionen über Regeln.
- Regeln definieren auch gewünschtes Verhalten.
- Regeln „entpersonalisieren" den Konflikt.
- Regeln schaffen Handlungssicherheit und Klarheit für alle Beteiligten.

1.2.1   Regeln erarbeiten

Material:	Tafel, Flipchart oder Blatt
Gruppengröße:	ab 2 Personen
Vorbereitungszeit:	keine
Durchführungszeit:	20 bis 25 Minuten

Beschreibung:
Die Teilnehmer (TN) erarbeiten unter Ihrer Moderation die Gruppenregeln. Sie sollten neben der Moderation darauf achten, dass alle Regeln genannt werden, die Ihnen wichtig sind. Insgesamt hat dies den Vorteil, dass die TN hinter diesen Regeln stehen. Auch mögliche Konsequenzen können erarbeitet werden. Zur besseren Verbindlichkeit können die TN die Regeln / Konsequenzen unterschreiben.

1.2.2 Regeln vorgeben

Material: Regelblatt
Gruppengröße: ab 2 Personen
Vorbereitungszeit: 10 bis 20 Minuten
Durchführungszeit: 5 bis 10 Minuten

Beschreibung:
Es gibt einige Gruppen, die schon mehrfach die Regeln erarbeitet haben. Da können Sie Zeit sparen, wenn Sie die Regeln benennen und erläutern. Sie arbeiten vorher <u>einmal</u> ein Regelblatt aus. Dieses wird dann in der Gruppe ausgeteilt und die Regeln werden einzeln durchgegangen. Hier ein Beispiel von den „zehn Geboten":

1. Keiner wird verletzt, beleidigt oder ausgegrenzt
2. Ehrlichkeit und Respekt
3. Keine Drogen (auch kein Alkohol)
4. Keine Waffen
5. Pünktlichkeit und Zuverlässigkeit
6. „STOPP"-Regel (Stopp bedeutet das Unterlassen jeglicher Tätigkeit.)
7. Verschwiegenheit (Das Gesagte bleibt im Raum.)
8. Es redet nur einer in einer Sprache, die alle verstehen (Ausreden lassen!)
9. Handys und andere technische Geräte aus
10. Den Anweisungen der Anleitung wird gefolgt

1.2.3 Kaputtes Fenster

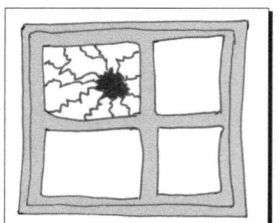

Nach der **Broken-Window-Theorie** (engl. zerbrochenes Fenster) sollten Sie sich bereits frühzeitig einschalten, um weitere Eskalationen zu verhindern. Die Broken-Window-Theorie bezeichnet ein Konzept, das beschreibt, wie ein vergleichsweise harmloses Phänomen, z.B. ein zerbrochenes Fenster in einem leerstehenden Haus, später zu völliger Verwahrlosung führen kann:

- Wenn irgendwo Müll liegt, wird Müll dazu geworfen.
- Wenn dreckiges Geschirr liegt, wird weiteres Geschirr dazu gepackt.
- Wenn irgendwo Graffitis gemalt wurden, kommen neue Graffitis dazu.
- Wenn ein Auto beschädigt ist, verleitet es dazu, es weiter zu beschädigen.

1.2.4 Wertevertrag

Material:	Papier und Stifte
Gruppengröße:	ab 2 Personen
Vorbereitungszeit:	keine
Durchführungszeit:	5 bis 15 Minuten

Beschreibung:

Ein Wertevertrag kann die Wichtigkeit einer Maßnahme unterstützen. Hier unterschreiben Anleitung und Teilnehmer z.B. die Anerkennung der Gruppenregeln.

Das Einfachste: Sie schreiben alle Regeln in den Wertevertrag, an den sich die Teilnehmer und die Leiter halten. Dann unterschreiben alle.

Wichtig ist die **Ausgeglichenheit**. Wenn Sie von einem bestimmten Teilnehmer erwarten, dass er sich an etwas halten soll, dann schreiben sie es in dem Vertrag. Doch der Vertrag sollte nicht nachher so aussehen, dass der Teilnehmer 20 Regeln einzuhalten hat und dies dann unterschreiben soll. Wenn der Teilnehmer 20 Regeln auf dem Vertrag stehen hat, dann sollten auch 20 Regeln für sie darauf stehen. Und denken Sie daran: Sie sind Vor-bild. Den 16-jährigen Jugendlichen zu sagen, dass sie nicht rauchen sollen, aber selbst wie ein Schlot zu qualmen, ist nicht gerade förderlich für das Ernstnehmen der Regeln.

1.2.5 Spiel ohne Regeln

Material:	einige Bälle
Gruppengröße:	ab 5 Personen
Vorbereitungszeit:	keine
Durchführungszeit:	10 bis 20 Minuten

Beschreibung:

Die Regel: „Es gibt keine Regeln" wird mehrmals wiederholt. Jeder Teilnehmer bekommt einen Ball und die Anweisung, den Ball in die Mitte zu legen, sich wieder zu setzen und auf ein Zeichen des Trainers sich einen Ball zu schnappen. Wer keinen Ball hat, scheidet aus. Nach und nach werden Bälle aus dem Spiel genommen nach der Highlander-Philosophie: *„Es kann nur einen geben!"*

Reflexion:

- Wie hieß nochmal das Spiel und wie die einzige Regel?
- An welche Regeln hat sich die Gruppe trotzdem gehalten?
- Welche Regeln sind bei Spielen wichtig, oder auch in der Gesellschaft?
- Wie notwendig sind Regeln für Gruppen?

1.3   Aufwärmübungen

> *„Quidquid agis, prudenter agas et respice finem - was immer du tust, handele klug und bedenke das Ende"*
> *(Lateinische Weisheit aus Gesta Romanorum)*

Aufwärmübungen (auch Icebreaker-Spiele / Eisbrecher-Übungen / Warming-Ups) sind Übungen um selbst und auch miteinander warm zu werden. Es steht der Spaß im Vordergrund. Manche Übungen eignen sich auch direkt als Partyspiele, die während einer Feier zwischen der Musik immer mal wieder eingeschoben werden können.

1.3.1   Blinde Kuh mit festem Platz

Material:	Kreide, Augenbinden
Gruppengröße:	ab 6 Personen
Vorbereitungszeit:	keine
Durchführungszeit:	10 bis 20 Minuten

Beschreibung:

Die Teilnehmer (TN) verteilen sich gleichmäßig im Raum. Jeder TN malt nun mit Kreide einer Kreis um seinen rechten Fuß. Ein TN bekommt die Augen verbunden und versucht nun innerhalb einer Minute möglichst viele TN anzutippen. Die TN dürfen ausweichen; der rechte Fuß muss dabei im Kreis stehen bleiben. Für jeden angetippten TN und jeden Fuß, der aus dem Kreis entfernt wird, erhält die blinde Kuh einen Punkt. Der Leiter zählt die Punkte und passt auf, dass die blinde Kuh nirgendwo anstößt.

1.3.2   Perlentauchen

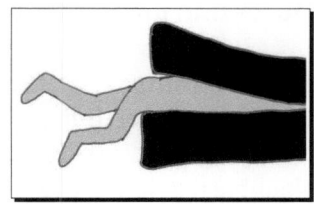

Material:	2 Weichbodenmatten, Bälle
Gruppengröße:	ab 4 Personen
Vorbereitungszeit:	keine
Durchführungszeit:	10 bis 20 Minuten

Beschreibung:
Zwei Weichbodenmatten werden mit der glatten Seite nach innen aufeinandergelegt. Sie stellen den Ozean dar, in dem sich zwei wertvolle Perlen befinden. Die Gruppe verteilt sich nun an den langen Seiten der Matten und hält die obere Matte am Rand gut fest. An jeder der beiden kurzen Seiten befindet sich ein Perlentaucher. Die beiden Perlentaucher tauchen nun zwischen die Matten und versuchen, gemeinsam die beiden Perlen zu finden. Wenn ein Taucher Angst bekommt - weil ihm die Luft ausgeht oder Haie angreifen - braucht er nur um Hilfe zu rufen. Die Gruppe hebt dann sofort die obere Matte hoch.

1.3.3   Cowboy

Material:	kein
Gruppengröße:	ab 2 Personen
Vorbereitungszeit:	keine
Durchführungszeit:	5 bis 15 Minuten

Beschreibung:
Die Teilnehmer (TN) stehen sich in zwei Reihen, im Abstand von ca. einem Meter gegenüber und haben die Arme neben dem Körper. Jeder hat so einen Partner. TN 1 macht in der ersten Runde die Vorgabe. TN 2 soll reagieren:
- TN 1: zieht einen fiktiven Revolver - TN 2: zieht einen Revolver
- TN 1: zieht zwei fiktive Revolver - TN 2: nimmt die Hände hoch
- TN 1: nimmt die Hände hoch - TN 2: zieht zwei Revolver
- TN 1: gibt eine Kusshand - TN 2: gibt eine Kusshand zurück

Die beiden TN wechseln dabei ständig die Rollen (Aktion - Reaktion). Wichtig ist, dass diese Übung möglichst schnell gespielt wird.

1.3.4 Reifenrennen

Material: Gymnastikreifen
Gruppengröße: ab 3 Personen
Vorbereitungszeit: keine
Durchführungszeit: 10 bis 20 Minuten

Beschreibung:
Die Teilnehmer bilden einen Kreis und fassen sich an den Händen. Zwei Hände werden gelöst, ein Teilnehmer fasst durch einen Gymnastikreifen und gibt seinem Nachbarn wieder die Hand. Der Gymnastikreifen ist so Teil dieser Runde. Die Teilnehmer geben den Reifen nun weiter ohne die Hände zu lösen. Dazu müssen sie mit dem ganzen Körper durch den Reifen schlüpfen. Klappt das, wird ein zweiter und eventuell ein dritter Reifen ins Spiel gebracht. Die Reifen dürfen sich jetzt nicht mehr berühren.

1.3.5 Naturmemory

Material: kein
Gruppengröße: ab 4 Personen
Vorbereitungszeit: keine
Durchführungszeit: 10 bis 30 Minuten

Beschreibung:
Zwei Kleingruppen von je maximal fünf Personen markieren auf einer Wiese, in einem Wald oder notfalls in einem Raum eine beliebig große Fläche. Zum Abgrenzen dürfen sie in der Umgebung liegendes Material benutzen. Diese Fläche wird dann von der Gruppe mit sieben markanten Punkten versehen. Haben beide Gruppen ihr Feld vorbereitet und sich alle Details eingeprägt, können die Felder getauscht werden. Die andere Gruppe verändert nun vier der sieben markanten Punkte. Nun dürfen die Gruppen nacheinander raten, welche Änderungen in ihrem Feld vorgenommen wurden.

1.3.6 Menschliche Kamera

Material: kein
Gruppengröße: ab 4 Personen
Vorbereitungszeit: keine
Durchführungszeit: 10 bis 20 Minuten

Beschreibung:
In einem möglichst abwechslungsreichen Gelände oder Raum teilt sich die Gruppe in Paare auf. Die Paare einigen sich, wer zuerst Kamera und wer der Fotograf ist. Die Kamera wird nun von ihrem Fotografen mit geschlossenen Augen zum ersten interessanten Motiv geführt. Nach dem Ausrichten der Kamera drückt der Fotograf den Auslöser (z.B. leicht auf den Kopf tippen). Die Kamera öffnet die Augen für maximal eine Sekunde und nimmt damit das eingestellte Bild auf. Je weniger beim Fotografieren geredet wird, desto intensiver sind die Eindrücke. Nachdem einige Bilder aufgenommen wurden, öffnet die Kamera ihre Augen und beschreibt ihre Eindrücke. Danach wechseln die Rollen.

1.3.7   Eine Ente, zwei Beine...

Material:	kein
Gruppengröße:	ab 5 Personen
Vorbereitungszeit:	keine
Durchführungszeit:	10 bis 20 Minuten

Beschreibung:
Die Teilnehmer bilden einen Sitzkreis mit oder ohne Stühle. Es geht nun darum, möglichst viele Enten sicher ins Wasser zu befördern. Es wird folgender Text gesprochen:

1. Person: 'Eine Ente'	2. Person: 'Zwei Beine'
3. Person: 'Springt ins Wasser'	4. Person: 'Platsch'
5. Person: 'Zwei Enten'	6. Person: 'Vier Beine'
7. Person: 'Springen ins Wasser'	8. Person: 'Platsch'
9. Person: 'Platsch'	10. Person: 'Drei Enten'

usw.
Es ist jeweils die doppelte Anzahl Beine (jede Ente hat ja zwei) und es gibt bei mehreren Enten auch mehrere 'Platsche' - bis jemand einen Fehler macht. Dann wird wieder von vorne begonnen.

1.3.8   Wechselspiel

Material:	Bälle (2 bis 4)
Gruppengröße:	ab 5 Personen
Vorbereitungszeit:	keine
Durchführungszeit:	10 bis 15 Minuten

Beschreibung:
Die Gruppe steht im Kreis und setzt sich im Uhrzeigersinn in Bewegung. Die Teilnehmer gehen in eiligem Tempo. Je nach Größe der Gruppe und des Raumes halten die Teilnehmer kontinuierlich einen gleichen Abstand. Wenn die Gruppe ihren Rhythmus gefunden hat, gibt der Leiter die Anweisung „Richtungswechsel". Die Teilnehmer laufen nun gegen den Uhrzeigersinn. Nach einigen Übungsversuchen, kommt ein Ball ins Spiel. Dieser Ball wird von Teilnehmer zu Teilnehmer geworfen oder weiter gereicht. Zunächst läuft der Ball mit der Gruppe. Auf das Zeichen „Ballwechsel" wird der Ball gegen die Laufrichtung der Gruppe weitergereicht.
Ständiger Wechsel der Anweisungen „Ballwechsel", „Richtungswechsel" und mehrere Bälle sorgen für reichlich Interferenzen und Konfusion in der Gruppe.

1.3.9 Mörderspiel

Material:	kein	
Gruppengröße:	ab 8 Personen	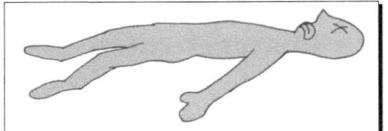
Vorbereitungszeit:	keine	
Durchführungszeit:	10 bis 20 Minuten	

Beschreibung:
Eine Person wird von dem Spielleiter heimlich zum Mörder ernannt. Der Mörder blinzelt im Laufen seine 'Opfer' an. Die 'Opfer' fallen schreiend zu Boden. Sobald zwei Personen einen Mörderverdacht haben, melden sie diesen beim Spielleiter an. Auf ein Signal zeigen sie gleichzeitig auf den vermeintlichen 'Mörder'. Das Spiel ist zu Ende, wenn beide auf den wirklichen Mörder zeigen. In allen anderen Fällen, sinken die beiden Personen schreiend zu Boden.

1.4 Aktionsübungen

> *„Der Mensch wirkt plötzlich ganz verwandelt, wird er erstmal als Mensch behandelt." (Eugen Roth)*

Aktionsübungen sind schnelle Übungen. Der Blutdruck der Teilnehmer (TN) wird in die Höhe getrieben. Erstens ist sportliche Betätigung gesund, zweitens macht es Spaß und drittens sind die TN danach ruhiger und konzentrierter.

1.4.1 Pest in Venedig

Material:	kein
Gruppengröße:	ab 7 Personen
Vorbereitungszeit:	keine
Durchführungszeit:	10 bis 20 Minuten

Beschreibung:

In Venedig, der Stadt der Brücken, wütet im Jahre 1683 die Pest. Zwei Mitspieler sind in diesem Fall die Pestbeulen, die versuchen, ihre Mitspieler durch bloßes Berühren anzustecken. Gelingt es einer Pestbeule, einen Mitspieler anzustecken, ist sie erst einmal geheilt. Dafür übernimmt der angesteckte Mitspieler nun die Rolle der Pestbeule. Die Einwohner von Venedig können sich nur vor der Pest schützen, indem sie sich in eine Brücke verwandeln (Brücke bäuchlings bilden). Die Brücke muss allerdings so lange stehen bleiben, bis sie ein freundlicher Mitspieler als Gondolieri durchquert. Die Länge des Spiels wird von der Lust und der Kondition der Mitspieler bestimmt.

1.4.2 Die wilde Acht

Material:	kein
Gruppengröße:	ab 15 Personen
Vorbereitungszeit:	keine
Durchführungszeit:	5 bis 15 Minuten

Beschreibung:

Zunächst läuft die Gruppe langsam und gleichmäßig im Kreis, dann schneller, bis zum höchsten Tempo.

Im zweiten Schritt laufen die Teilnehmer eine ununterbrochene Acht. Zunächst langsam, dann immer schneller. Im Kreuzungspunkt ist besondere Obacht nötig. Die Übung mit ruhigem Tempo ausklingen lassen.

1.4.3 Tintenfisch

Material:	kein
Gruppengröße:	ab 6 Personen
Vorbereitungszeit:	keine
Durchführungszeit:	10 bis 20 Minuten

Beschreibung:
Der Ozean unseres Tintenfisches besteht aus einem Spielfeld mit einer Ziellinie an beiden Enden. Zu Beginn steht ein Mitspieler an einem Ende des Spielfeldes. Er ist der böse Tintenfisch. Die anderen Mitspieler sind die Fische, die am anderen Ende des Spielfeldes stehen. Wenn der Tintenfisch "Fische schwimmt!" ruft, versuchen die Fische die Ziellinie auf der anderen Seite des Spielfeldes zu erreichen, ohne vom Tintenfisch abgeschlagen zu werden. Wer abgeschlagen wird, erstarrt auf der Stelle und wird damit zu einem Fangarm. Die Fangarme bleiben auf ihrer Position und können ebenfalls Fische abschlagen. Bei den nächsten Durchgängen müssen die Fische nun auch noch auf die immer zahlreicher werdenden Fangarme achten. Das Spiel ist zu Ende, wenn es keine Fische mehr gibt.

1.4.4   Schlange im Gras

Material:	kein
Gruppengröße:	ab 5 Personen
Vorbereitungszeit:	keine
Durchführungszeit:	10 bis 20 Minuten

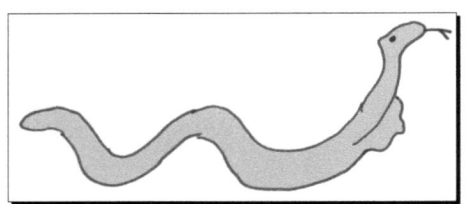

Beschreibung:
Die Teilnehmer sind Wanderer, die über eine Grasfläche laufen. Auf dem Spielfeld befindet sich eine Schlange (ein Teilnehmer, der auf dem Bauch liegt). Alle Mitspieler müssen die Schlange mit einem Finger berühren. Wenn der Spielleiter das Kommando "Schlange" ruft, dürfen die Wanderer innerhalb des kleinen Spielfeldes weglaufen. Für die Schlange bedeutet das Signal, dass sie jetzt zupacken darf. Sie versucht, auf dem Bauch krabbelnd, die Wanderer zu erwischen. Wer erwischt worden ist, wird auch zur Schlange und versucht, Wanderer zu berühren. Wer das Spielfeld verlässt, wird natürlich automatisch zur Schlange. Das Spiel ist zu Ende, wenn es keine Wanderer mehr gibt.

1.4.5   Hospital

Material:	kein
Gruppengröße:	ab 10 Personen
Vorbereitungszeit:	keine
Durchführungszeit:	10 bis 20 Minuten

Beschreibung:
Ein Fänger „tickt" Personen an. Personen lassen sich krank/verletzt zu Boden sinken und können mit Hilfe von vier Sanitätern (erst wenn an beiden Armen und Beinen je 1 Person anfasst) ins Hospital (z.B. Matte) gebracht werden, wo der Kranke geheilt wird. Auf dem Transportweg darf der Krankenwagen nicht angetickt werden.

1.4.6 Hase und Jäger

Material:	kein
Gruppengröße:	ab 6 Personen
Vorbereitungszeit:	keine
Durchführungszeit:	10 bis 20 Minuten

Beschreibung:
Die Teilnehmer befinden sich auf einem abgegrenzten Spielfeld. Ein Mitspieler hat zu Anfang die Rolle des Jägers, die anderen Mitspieler sind die Hasen. Der Jäger hat die Aufgabe, einen Hasen durch Abschlagen zu fangen. Der gefangene Hase wird dadurch zum Jäger und der Jäger zum Hasen. Der Rollenwechsel geschieht ohne Spielunterbrechung. Die Hasen können sich vor dem Gefangen werden schützen, indem sie sich für maximal drei Sekunden zu zweit zusammenstellen. Stehen drei Hasen zusammen, dürfen die äußeren beiden Mitspieler vom Jäger abgeschlagen werden.

1.4.7 Reise nach Jerusalem mal etwas anders

Material:	Stühle
Gruppengröße:	ab 6 Personen
Vorbereitungszeit:	keine
Durchführungszeit:	10 bis 20 Minuten

Beschreibung:
Stühle werden wie bei der Reise nach Jerusalem in einer Reihe Rücken an Rücken aufgestellt. Die Teilnehmer gehen im Kreis um die Stuhlreihe. Bei Musikstopp springt jeder auf einen Stuhl. Dabei ist es egal, ob ein, zwei oder mehr Personen auf einem Stuhl stehen. Nach jeder Runde wird ein Stuhl weggenommen. Ziel des Spiels ist es, dass alle der Gruppe auf den übrigen Stühlen Platz finden und die Gruppe gemeinsam dieses Ziel erreicht. Die Übung ist zu Ende, sobald einer aus

der Gruppe nicht mehr auf den übrigen Stühlen gehalten werden kann.

Ziel: Nur gemeinsam ist das Ziel zu erreichen (durch Zusammenhalt und durch einander festhalten).

1.4.8 Vier Wände

Material:	kein
Gruppengröße:	ab 6 Personen
Vorbereitungszeit:	keine
Durchführungszeit:	10 bis 20 Minuten

Beschreibung:

Die Gruppe bildet Vierergruppen (oder Zweier bzw. Dreier). Jede Gruppe bekommt eine Nummer. Der Leiter ruft nun zwei Nummern auf. Diese beiden Gruppen haben nun die Aufgabe, möglichst schnell alle vier Wände zu berühren. Dabei ist es wichtig, dass die Gruppe einander festhält und alle die Wand berühren. Diese Übung macht besonders Spaß, wenn die Gruppe im Verlauf ihre Gruppenzusammenarbeit steigern kann.

1.4.9 Hurrican

Material:	kein
Gruppengröße:	ab 6 Personen
Vorbereitungszeit:	keine
Durchführungszeit:	10 bis 20 Minuten

Beschreibung:

Im Stuhlkreis steht ein Teilnehmer (TN) in der Mitte und sagt Kriterien, nach denen die anderen TN die Plätze wechseln sollen, z.B. „Alle wechseln die Plätze die eine Jeans tragen" usw. Dabei versucht der TN in der Mitte einen Platz für sich zu ergattern. Dann steht ein anderer TN in der Mitte und stellt die Kriterien auf. Falls dem TN keine Frage einfällt oder er möchte, dass alle TN die Plätze wechseln, ruft er: „Hurrican".

1.5   Vertrauen

„Soll den Menschen beigebracht werden, die Wahrheit zu sagen, so müssen sie auch lernen, sie zu hören." (Samuel Johnson)

Solange sich die Teilnehmer ihrer Stellung nicht sicher sind und solange sie ihre Person noch nicht als selbständig und sich nicht als in die Gruppe eingegliedert ansehen können, verhalten sie sich alles in allem anders als sonst. Sie sprechen z.B. zu viel, zu laut oder gar nicht. Sie machen etwas leichte Unterhaltung („Smalltalk"), was aber eine durchaus wichtige Funktion hat. Es soll Selbstdarstellung und lockeren Kontakt ermöglichen. In dieser Phase greift somit jedes einzelne Mitglied auf verschiedene Methoden zurück, um seine Stellung und Funktion in der Gruppe zu suchen. Überwiegend verfolgen alle ein und dasselbe Ziel. Sie wollen nämlich möglichst so von der Gruppe angenommen werden, wie sie sind, ohne dass sie sich zunächst verändern müssen. Jeder möchte, dass seine Wertvorstellungen und Auffassungen Berücksichtigung finden. Jeder Teilnehmer möchte ohne eine außerordentliche vorherige Leistung einfach nur zur Gruppe gehören. Dieses Bedürfnis ist bei einigen ausgeprägter, andere wünschen vorerst noch einen größeren Abstand.

1.5.1   Vertrauenslauf

Material:	kein
Gruppengröße:	ab 7 Personen
Vorbereitungszeit:	keine
Durchführungszeit:	5 bis 15 Minuten

Beschreibung:
Die Gruppe stellt sich in zwei Gruppen gegenüber. Alle heben die Arme in Schulterhöhe versetzt zum Gegenüber. Ein Teilnehmer (TN) geht zwischen den beiden Seiten durch. Die Arme der anderen TN befinden sich auf Hals-, Brust- bzw. Gesichtshöhe. Der TN geht durch die Gruppe, die alle kurz vor der Berührung die Arme runter nehmen (*nicht hoch – Verletzungsgefahr im Gesicht*). Beim zweiten Durchgang darf der TN auch rennen. Dann ist der nächste TN dran.

1.5.2   Blindlauf

Material: Augenbinde(n)
Gruppengröße: ab 2 Personen
Vorbereitungszeit: keine
Durchführungszeit: 5 bis 15 Minuten

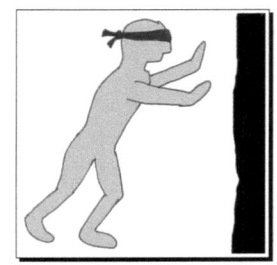

Beschreibung:
Einem Teilnehmer (TN) werden die Augen verbunden und er soll von einem anderen TN geführt werden (erst an den Schultern, dann an der Hand und am Finger, zuletzt über die Stimme).

Variationen:
Ein TN zählt die Schritte von einem Punkt bis zur Wand. Dann geht er wieder zu seinem Ausgangspunkt zurück und ihm werden die Augen verbunden. Jetzt geht er blind zur Wand und versucht so nahe wie möglich an diese heranzukommen, ohne sie zu berühren.

1.5.3   Blindenparcour

Material: Seile, Augenbinden
Gruppengröße: ab 2 Personen
Vorbereitungszeit: keine
Durchführungszeit: 20 bis 40 Minuten

Beschreibung:
Den Blindenparcour kann man an unterschiedlichen Orten aufbauen. Hierzu wird ein langes Seil durch ein möglichst abwechslungsreiches Gelände gespannt. Bei gutem Wetter könnte sich dazu z.B. ein Wald anbieten. Bei schlechten Wetter kann auch ein größerer Raum zu einem interessanten „Dschungel" umgebaut werden. Die Teilnehmer (TN) gehen, nachdem eine zum jeweiligen Thema passende Geschichte erzählt wurde, nacheinander mit verbundenen Augen am Seil entlang. Die Zeitabstände sollten dabei möglichst so groß sein, dass die TN sich nicht begegnen. Je nach Zielsetzung kann der Spielleiter die TN einzeln oder zu zweit durch den aufgebauten „Dschungel" gehen lassen. An schwierigeren Stellen sollten Betreuer stehen, die aber nur notfalls helfend eingreifen. Ebenso sollte ein Betreuer am Ende des Parcours stehen, um die Reisenden dort zu empfangen.

1.5.4   Blinde Raupe

Material: kein
Gruppengröße: ab 3 Personen
Vorbereitungszeit: keine
Durchführungszeit: ca. 15 Minuten

Beschreibung:
Alle Teilnehmer fassen sich an den Schultern und schließen, bis auf die erste Person, die Augen. Der Kopf der Schlange beginnt langsam, die anderen durch die Gegend zu führen. Dabei kann der Leiter entweder eine Strecke vorgeben oder dem führenden Teilnehmer die Wahl des Weges überlassen.

1.5.5   Waschstraße

Material: kein
Gruppengröße: ab 7 Personen
Vorbereitungszeit: keine
Durchführungszeit: 10 bis 20 Minuten

Beschreibung:
Die Teilnehmer knien sich paarweise in Gassenform hin, so dass sich immer zwei Personen, mit dem Gesicht zueinander gewandt, im Abstand von ca. einem Meter gegenüber sitzen. Auf diese Weise bilden sie eine "Autowaschanlage". Ein Teilnehmer kniet am Anfang der Waschstraße und beschreibt den Autotyp, den er darstellt und die Art und Weise, wie er gewaschen werden möchte. Dazu gibt es verschiedenen Möglichkeiten: Schonwaschgang, normale Hauptwäsche oder besonders harte Wäsche. Der Teilnehmer krabbelt nun durch die Waschanlage und bekommt nach seinen Wünschen, durch Streicheln, berühren oder stärkeres Rubbeln von den anderen Teilnehmern den Rücken "gewaschen". Am Ende der Waschstraße schließt sich der Teilnehmer an das Ende an und das nächste Auto fährt durch die Anlage.

1.5.6   Goofy

Material: Augenbinden
Gruppengröße: ab 5 Personen
Vorbereitungszeit: keine
Durchführungszeit: 10 bis 20 Minuten

Beschreibung:

Alle Teilnehmer (TN) verteilen sich auf dem Spielfeld und bekommen die Augen verbunden. Danach wird einem Mitspieler vom Spielleiter die Rolle von Goofy zugewiesen. Nachdem das Startzeichen gegeben wurde, gehen alle TN los und versuchen Goofy zu finden. Treffen sie auf einen anderen Mitspieler, dürfen sie nur die Frage stellen: "Bist du Goofy". Mitspieler, die nicht Goofy sind, antworten mit der selben Frage. Nur Goofy antwortet nicht. Wer Goofy gefunden hat, darf sich bei ihm einhaken und wird damit zu einem Teil von Goofy. Das Spiel ist beendet, wenn alle mit Goofy verbunden sind.

1.5.7 Schafe und Schäfer

Material:	Augenbinden
Gruppengröße:	ab 5 Personen
Vorbereitungszeit:	keine
Durchführungszeit:	ca. 25 Minuten

Beschreibung:

Die Gruppe wird vor folgende Aufgabe gestellt: Alle, bis auf eine Person, sind blinde Schafe. Die Augen der Schafe sind verbunden. Der Schäfer ist der einzig Sehende. Die Schafe wissen aber nicht, wer der Schäfer ist. Der Schäfer hat die Aufgabe, die Schafe – ohne dass er mit ihnen spricht / Laute sind erlaubt! – zu einem den Schafen unbekannten Zielort (Stall) zu bringen. Die Gruppe erhält zehn Minuten Vorbereitungszeit, um sich eine Strategie zu überlegen.

Anschließend werden allen die Augen verbunden und sie werden im Raum verteilt (evt. mit drehen). Erst danach wird dem Schäfer die Augenbinde entfernt und ihm wird der „Stall" gezeigt.

Variationen:

Der Schäfer kann nicht laufen und muss getragen werden.

1.5.8 Aufstand

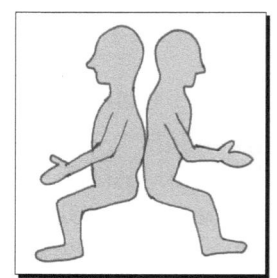

Material:	kein
Gruppengröße:	ab 6 Personen
Vorbereitungszeit:	keine
Durchführungszeit:	ca. 10 Minuten

Beschreibung:

Die Teilnehmer (TN) teilen sich in zwei Gruppen und stellen sich in einer Reihe Rücken an Rücken gegeneinander auf. Jeder TN harkt sich nun mit seinem rechten und linken Mitspieler ein. Auf ein Kommando versucht nun die ganze Gruppe gemeinsam ohne umzufallen in die Hocke zu kommen. Das war noch der leichte Teil, denn nun wird der Aufstand geprobt. Auf Kommando stellen sich alle wieder hin.

Bemerkungen:

Die Übung sollte auf einem griffigen Boden durchgeführt werden. Ebenso sollten die Paare, die gegeneinander aufstehen etwa gleich groß und schwer sein.

1.5.9 Vertrauensfall

Material:	Podest (z.B. Tisch)
Gruppengröße:	ab 7 Personen
Vorbereitungszeit:	keine
Durchführungszeit:	15 bis 25 Minuten

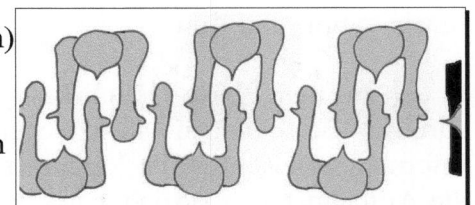

Beschreibung:

Aus einer Höhe von 60 bis 120 cm stellt sich eine Person mit dem Rücken zu den sich vor der Plattform aufbauenden Fängern (mindestens sechs). Diese stellen sich in zwei Reihen, Schulter an Schulter eng zusammen gegenüber. Die Reihen stehen etwa 60 bis 80 cm auseinander.

Die Fänger ordnen ihre Arme in einem Reißverschlussmuster an. Sie stehen stabil, d.h. mit leicht angewinkelten Knien. Die Handflächen zeigen nach oben. Vorher wurden Brillen, Uhren, große Ringe und Armreifen abgenommen. Die Fänger sind ruhig und konzentrieren sich auf den Fall.

Der auf dem Podest Stehende kann sich rückwärts in die Arme der Fänger fallen lassen. Er soll dabei seinen Körper anspannen, so ist er leichter zu fangen. Dieser TN geht erst auf das Podest, wenn die Fänger bereit stehen.

Variationen:

Der Fallende kann sich mit verschränkten Armen vorwärts fallen lassen. ACHTUNG: Im Extremfall kann hierbei die Nase kurz mit der Handfläche eines TN in Berührung kommen. Ich führe diese Übung seit über zehn Jahren sehr oft durch – bisher ist es dabei zweimal zu Nasenbluten gekommen.

2 Gruppenphase Konflikte

„ Man gibt immer den Verhältnissen die Schuld für das, was man ist. Ich glaube nicht an die Verhältnisse. Diejenigen, die in der Welt vorankommen, gehen hin und suchen sich die Verhältnisse, die sie wollen, und wenn sie sie nicht finden können, schaffen sie sie selbst. "
(Georg Bernhard Shaw)

Zweite Phase
Auseinandersetzung – Konfliktphase (Storming)
Machtkampf- und Kontrollphase

In der **zweiten Phase (Machtkampf und Kontrolle)** geht es in der Hauptsache darum, Beziehungen festzulegen, auch formal. Der vorausgegangene Informationsaustausch ist Voraussetzung, um sich in dieser Phase für und gegen die Aufnahme von Beziehungen zu entscheiden. Im Laufe dieser Phase werden die Gruppenstrukturen klarer und es fallen Entscheidungen über Status, Rang und Einfluss der einzelnen Mitglieder.

Merkmale
Nachdem das erste „Abtasten" erfolgt ist, wird nun (oft unbewusst) die Frage der Rollenverteilung in der Gruppe „geklärt". Rivalitäten, Koalitionsbildung, Rangeleien, Rangkämpfe sind hier wichtige Stichworte. Dies ist zunächst einmal nichts schlechtes, sondern etwas ganz normales, denn jedes Mitglied muss seinen Platz in der Gruppe finden.

Handlungsmöglichkeiten
Den „Rangkämpfen" sollte Raum gegeben werden, aber der Leiter sollte darauf achten, dass diese nicht aus dem Ruder laufen. Gleichzeitig kann der Leiter durch Kooperationsübungen oder „Spiele ohne Sieger" für Zusammenhalt sorgen. Auf Versuche aus der Gruppe, die Autorität der Gruppenleitung in Frage zu stellen, sollte er sich nicht einlassen. Die gemeinsame Gruppenregeln sollten durchgesetzt werden, eventuell sollten einzelne Regeln nachgebessert werden.

2.1   Rätsel

„Also lautet ein Beschluss, dass der Mensch was lernen muss. "
(Wilhelm Busch)

Unter einem Rätsel versteht man eine Aufgabe, die durch Denken gelöst werden muss. Es ist logisches und kreatives Denken erforderlich. Rätsel können dem Zeitvertreib, der Unterhaltung und der Bildung der Teilnehmer dienen. Ihre Lösung wird teilweise durch irreführende, mehrdeutige Angaben erschwert. Rätsel beruhen sehr oft auf dem Prinzip, dass man mal über den Tellerrand schaut. Selten ist der einfache und brutale Weg die Lösung. Im Idealfall kann dieses Denken auch auf die Kommunikation bzw. Interaktion mit anderen Menschen übertragen werden.

2.1.1   Ja-Nein-Rätsel

Material:	kein
Gruppengröße:	ab 2 Personen
Vorbereitungszeit:	keine
Durchführungszeit:	5 bis 15 Minuten

Beschreibung:
Ja-Nein-Rätsel werden von einem Spielleiter gestellt. Er erzählt in ein paar Sätzen eine kurze Geschichte, meist mit einem ziemlich blutrünstigem Hintergrund. Das Ziel der Teilnehmer (TN) ist es dann, auf den "Clou" der Geschichte zu kommen. Dabei dürfen die TN reihum dem Leiter Fragen zur Geschichte stellen, die dieser aber nur mit Ja oder Nein beantworten darf. Hier einige

Rätsel:
1. In einem Büro ist ein Mann tot über seinem Schreibtisch zusammen gesunken. Wegen der Spuren im Schnee draußen kann die Polizei einen Tag später den Mörder fassen. Er schildert auch die Tat genauestens, trotzdem kann die Polizei keine Tatwaffe sicherstellen. Womit wurde der Mord begangen?
2. In einem Büro findet sich kein Mörder, es wurde nicht eingebrochen, es gibt keine Verletzungen an der Leiche, und die Tür ist von innen verriegelt. Auf dem Schreibtisch liegen nur die üblichen Bürogegenstände. Was war die Tatwaffe?

3. Ein Mann fährt von zuhause zu seiner Arbeit. Er hört dabei im Auto Radio. Nach etwa 100 Metern hält er schon an und erschießt sich. Was hat er gehört?

4. Mitten in einem großen Wald liegt ein toter Mann. Er ist komplett mit einer Tauchausrüstung bekleidet. Das nächste Wasser ist ein See, gute fünf Kilometer entfernt. Wie ist der Taucher gestorben?

5. Ein Mann kommt zu einer Cocktailparty. Wie alle anderen isst und trinkt er. Er verabschiedet sich aber sehr frühzeitig und geht nach Hause. Am nächsten Tag erfährt er, dass alle anderen Partygäste ermordet wurden. Er überprüft, dass er genau die gleichen Sachen zu sich genommen hat wie die anderen, nur vielleicht etwas schneller. Warum ist er nicht tot?

6. Ein Mann steht in einer Telefonzelle. Seine Arme sind weit ausgebreitet - er selbst ist tot. Wie ist er gestorben?

Lösungen:

1. Mit einem Eiszapfen, der sich später in Wasser auflöste.

2. Der Briefumschlag war vergiftet. Als der Mann daran leckte, um ihn zu zu kleben, starb er.

3. Der Mann ist DJ des Radiosenders, der gerade läuft. Eigentlich sollte er im Sender sein. Doch er hat ein besonders langes Stück aufgelegt und ist währenddessen nach Hause gefahren, um seine Frau zu ermorden. Als er zurückfährt, hört er, dass die CD schon die ganze Zeit einen Sprung hat. Damit ist sein Alibi geplatzt.

4. Im Wald war Feuer ausgebrochen. Die Hubschrauber, die zum Löschen angefordert wurden, holten ihr Wasser aus dem See. Löschhubschrauber benutzen große "Säcke", die sie im Flug ins Wasser tauchen und wieder gefüllt hochziehen. Anschließend werfen sie ihre Ladung über den Flammen ab. Da kann es schon mal passieren, dass sie einen Taucher im Wasser übersehen.

5. Weil er zu hastig gegessen und getrunken hat. Die vergifteten Eiswürfel in den Cocktails hatten sich bei ihm nicht auflösen können.

6. Der Mann war Angler und er erzählte einem Freund am Telefon gerade, welchen Fisch er gefangen hat. Dabei machte er die berühmte Geste aller Anglern: "Der Fisch ist soooooooo groß." Seine Arme knallten durch die Scheiben, die Scherben zerfetzten seine Adern, er verblutete.

Weitere Rätsel finden Sie im Internet oder Sie können die verschiedenen Ausgaben der „Black Stories" vom Moses Verlag kaufen.

2.1.2   Verkehrschaos

Material:	1 Feld mehr als Teilnehmer
Gruppengröße:	ab 6 Teilnehmer
Vorbereitungszeit:	keine
Durchführungszeit:	15 bis 45 Minuten

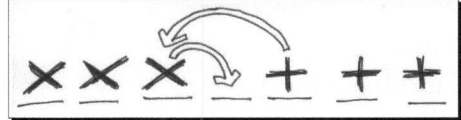

Beschreibung:
Die Teilnehmer stellen oder setzen sich in eine Reihe auf Felder, wobei links und rechts von dem leeren Mittelfeld die gleiche Anzahl von TN stehen soll. Das mittlere Feld bleibt frei. Die linke und die rechte Gruppe sollen jetzt ihre Position wechseln. Dabei gibt es einige Regel zu beachten: Eine Person darf nur eine Position weitergehen oder einen der anderen Gruppe überspringen. Sie dürfen dabei keinen Schritt zurückgehen und Leute der eigenen Gruppe nicht überspringen.

Bemerkungen:
Diese Übung setzt ein gewisses logisches Denkvermögen voraus. Um so größer die Gruppe ist, desto schwieriger ist die Lösung. Als Tipp kann der Leiter erklären, dass nur am Beginn und zum Ende zwei aus der gleichen Gruppe nebeneinander sein dürfen.

2.1.3   Bilderpuzzle

Material:	zerschnittene Bilder
Gruppengröße:	ab 4 Personen
Vorbereitungszeit:	ca. 10 Minuten
Durchführungszeit:	15 bis 25 Minuten

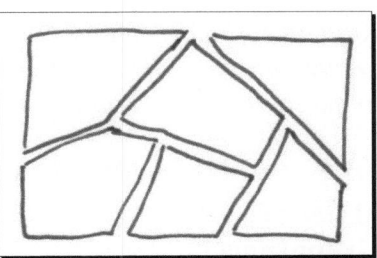

Beschreibung:
Jedes Team erhält in einem Umschlag ein zerschnittenes Foto oder Bild. Wer hat zuerst sein Bild wieder zusammengesetzt (oder aufgeklebt)?

Variationen:
- Jedes Team erhält mehrere zerschnittene Fotos.
- Mehrere Fotos werden zerschnitten und gemischt. Jedes Team erhält gleich viele Fototeile. Jetzt darf getauscht werden, ohne dass man die Einzelstücke der anderen Teams sehen darf. Wer hat nun zuerst ein Bild wieder zusammengesetzt?

2.1.4 Berchtesgadener Problem

Material: Nägel (z.B. Firstnägel), Brett
Gruppengröße: ab 1 Person
Vorbereitungszeit: keine
Durchführungszeit: 5 bis 60 Minuten

Beschreibung:
In einem Brett ist ein Nagel (vorzugsweise ein ca. 15 cm langer Firstnagel) einige Millimeter eingeschlagen. Nun besteht die Aufgabe, 18 weitere Nägel so auf diesem einen Nagel auszubalancieren, dass diese weder den Boden noch das Brett, sondern ausschließlich die anderen Nägel berühren. Dies muss ohne Zuhilfenahme von anderen Gegenständen, wie etwa eines Magneten, bewerkstelligt werden. Des weiteren dürfen die Nägel während des Balanceakts nicht von irgendeinem Körperteil berührt oder beeinflusst werden.
Lösung: Ein Nagel wird auf den Tisch gelegt, dann werden 16 Nägel quer darauf gelegt, so dass sie abwechselnd die Köpfe auf beiden Seiten des Grundnagels haben. Anschließend wird ein um 180° zum Grundnagel gedrehter, weiterer Nagel auf die Konstruktion gelegt. Nun muss das gesamte Konstrukt an den beiden Grundnägeln gefasst und vorsichtig unter Beachtung des Schwerpunkts auf den Kopf des eingeschlagenen Nagels gelegt werden. Wird dieser Schritt vorsichtig genug durchgeführt, so bilden die beiden Grundnägel die Aufhängung für die anderen 16 Nägel, und das Vexier ist gelöst.

2.1.5 Aufgaben erraten und ausführen

Material: kein
Gruppengröße: ab 6 Personen
Vorbereitungszeit: keine
Durchführungszeit: 5 bis 15 Minuten

Beschreibung:
Alle Teilnehmer (TN) sitzen auf Stühlen im Kreis. Einer wird für kurze Zeit hinausgeschickt. Nun einigt man sich auf eine einfache Aufgabe, die der TN erfüllen soll, z.B. Julia die Halskette abnehmen und sie Frank umhängen. Der hereingerufene TN wird darüber informiert, dass er eine Aufgabe erfüllen soll. Der Kreis der TN, der leise ein Lied summt, werden immer dann einmal laut summen, wenn er einen Teil der Aufgabe richtig erfüllt hat. Mit dieser Anweisung

geht der Einzelspieler von einem zum anderen, um den Anfang seiner Aufgabe aufzuspüren. Wenn er bei Julia ist, wird das Summen lauter - er weiß nun: hier soll ich etwas tun. Das Summen ist wieder leise. Der TN probiert weiter: er berührt Julias Schuhe, ihre Armbanduhr, ihre Brille, ihre Halskette - lautes Summen. Er nimmt ihr die Kette ab und probiert sie vielleicht bei sich selbst - das Summen bleibt leise, also weiter. Wenn der TN Frank gefunden und ihm die Kette umgehängt hat, wird geklatscht. Die Aufgabe ist erfüllt. Nach einigen Durchgängen können die Aufgaben allmählich schwieriger werden:

- Den eigenen Stuhl in die Kreismitte stellen und sich selbst darauf setzen.
- Mit einem Kreisspieler den rechten Schuh tauschen.
- Einen Schirm finden, aufspannen und mit ihm einen Kreisspieler zum Rundgang abholen.

2.1.6   Das Erbe des Pythagoras

Material: Seil, Augenbinden
Gruppengröße: ab 5 Personen
Vorbereitungszeit: keine
Durchführungszeit: 15 bis 45 Minuten

Beschreibung:
Die Gruppe hebt mit verbundenen Augen das Seil auf, welches am Ende zusammengeknotet ist. Jeder hat dabei eine Hand am Seil. Der Gruppenleiter gibt eine beliebige zweidimensionale geometrische Figur vor (rechtwinkliges Dreieck, Kreis, Ellipse, Quadrat, Rechteck, Trapez...), die nun von der Gruppe mit dem Seil gebildet werden muss. Die Gruppenmitglieder dürfen sich untereinander absprechen und bestimmen selbst den Zeitpunkt, an dem sie meinen, das vorgegebene Ziel erreicht zu haben. Dann legen sie es auf dem Boden ab.

Variationen:
- nicht sprechen
- ohne Augenbinden
- Zeitlimit
- feste Position für einen Teilnehmer

2.2 Kampf und Kraft

„Nur die Ruhe ist die Quelle jeder großen Kraft."
(Fjodor Michailowitsch Dostojewski)

Mit „Kampf und Kraft" sind Übungen gemeint, die körperlichen Einsatz verlangen. Meist geht es darum, sich gegen andere durchzusetzen, etwas länger halten zu können oder etwas schneller als andere zu können. Dies kann ein Kletterwettbewerb um ein Möbelstück (Tischklettern), ein Armwegziehen in Liegestützposition oder ein Kampf nach Regeln in Schutzbekleidung sein. Die Übungen werden gerne in der Jungenpädagogik eingesetzt, sind aber für Mädchen genauso gut geeignet.

Auch gibt es zusammen mit Kampfübungen Ansätze aus dem Bereich „New Games". „New Games" sind hauptsächlich alte Tobespiele, die von Anti-Vietnamkriegs-Aktivisten mit theoretischen und philosophischen Hintergrund neu entwickelt wurden. Allen „New Games" gemein ist, dass sie Kopf und Bauch ansprechen und praktisch von allen Altersgruppen gespielt werden können. Sie sollen Spaß machen, zur Zusammenarbeit anregen und sind meist ohne Verlierer.

Es gibt einige Konzepte, in denen Gewaltprävention und Kampfkunst bzw. -sport miteinander verbunden werden. Die EWTO-Gewaltprävention ist ein Programm, um Gewalt an Schulen, Kinder- und Jugendeinrichtungen zu vermeiden. Entwickelt wurde es in der Europäischen WingTsun® Organisation (EWTO) von einem Expertenteam von professionellen Kampfkünstlern. Das Programm enthält die für alle Schüler, Eltern und Lehrer nachvollziehbare "Sicherheit nach Schulnoten" und einfache Übungen aus den Bereichen Selbstbehauptung, Selbstverteidigung, Intuition, Kommunikation und Zivilcourage. Die EWTO-Gewaltprävention wird in Deutschland, Österreich und der Schweiz angeboten und gehört mit mehr als 200 Filialen zu den größten Anbietern in Europa.

Weitere Informationen unter www.ewto-gewaltpraevention.de.

Kampfübungen machen Spaß und unterstützen Menschen in ihrer körperlichen und persönlichen Entwicklung. Wichtige Entwicklungsanregungen sind insbesondere:

Positiver Umgang mit Kraft und Aggression
Die Menschen lernen sich zu messen und zu kämpfen, ohne Verletzungen und mit Fairness. Sie erfahren, dass Aggressionen dazugehören, aber nicht zu aggressiven Handlungen führen müssen.

Stärkung des Selbst-vertrauens und der Handlungsfähigkeit
Die Teilnehmer lernen im Kampf, nicht gelähmt vor Angst handlungsunfähig zu sein, sondern sich wach und angemessen der Herausforderung zu stellen. Durch ein gesteigertes Selbst-bewusst-sein verlassen sie eine mögliche Opferrolle und erlangen mehr Sicherheit und Durchsetzungsvermögen.

Auseinandersetzung mit eigenen Gefühlen
Mit den Kampfübungen können Themen wie „Selbstachtung", „drohende Beschämung", „Gesichtsverlust" und „Ehre" bearbeitet werden.

Erfahrung von Werten
Die Teilnehmer können beim Kampf erkennen, dass Mitgefühl, Verbundenheit und Fairness wichtige Eigenschaften eines guten Kämpfers und eines angesehenen Menschen sind. Auch erfahren sie, dass sie eine Bewegung oft üben müssen, bevor diese sich „gut" und „richtig" anfühlt.

Einstieg in Themen
Erlebbar wird auch der Unterschied von Kampf und Gewalt; von Fairness und Gemeinheit; von Miteinander und Gegeneinander.

Umgang mit Konflikten
Die deeskalierende Wirkung von Kampfübungen entwickelt sich u.a. aus dem Kontakt, den die Übenden miteinander aufnehmen und aus der Wertschätzung, für faire und gewaltfreie Konfrontation, der sich die beiden Beteiligten stellen.

Deeskalation
Der gezielte Einsatz von Körpersprache und sprachlichen Mitteln eröffnet die Möglichkeit, Streit zu verhindern. Dies kann mit körperlichen Einsatz bei Kampfübungen trainiert werden, damit sie es im Ernstfall anwenden können.

2.2.1 Ziehen oder Drücken

Material:	kein
Gruppengröße:	ab 2 Personen
Vorbereitungszeit:	keine
Durchführungszeit:	5 bis 15 Minuten

Beschreibung:
Zwei Teilnehmer (TN) stellen sich gegenüber mehr als schulterbreit. Sie greifen sich gegenseitig mit rechts oder links am Unterarm (Akrobatengriff). Auf ein Kommando versuchen die beiden TN sich aus dem Gleichgewicht zu bringen. Wer den ersten Ausfallschritt macht, verliert.

Variationen:
Zwei TN stehen sich gegenüber und fassen sich gegenüber an den Schultern ohne dass die Daumen sich in das Schlüsselbein bohren. Manche Spieler fühlen sich sicherer, wenn sie sich an den Oberarmen fassen. Jeder versucht den anderen zurückzudrängen (Linie markieren oder Ziel definieren).

2.2.2 Krabbenkampf

Material:	kein
Gruppengröße:	ab 2 Personen
Vorbereitungszeit:	keine
Durchführungszeit:	5 bis 15 Minuten

Beschreibung:
Die Teilnehmer (TN) befinden sich in der Krabbenposition. Nur die Hände und die Füße berühren den Boden. Auf ein Kommando hin bekämpfen sich die Krabben. Sobald ein TN mit einem anderen Körperteil außer den Händen und Füßen den Boden berühren, scheidet dieser TN aus. Ziehen, Wegziehen, und Drücken ist erlaubt. Treten, Schlagen, Beißen, Kratzen und Spucken ist verboten. Am Ende kann es nur einen (Sieger) geben.

2.2.3 Patakas

Material:	2 Patakas
Gruppengröße:	ab 2 Personen
Vorbereitungszeit:	keine
Durchführungszeit:	5 bis 15 Minuten

Beschreibung:
Zwei Teilnehmer haben die Möglichkeit, sich mit Patakas (auch Encounter-Bats) zu prügeln. Hierzu werden im Vorfeld Regeln zwischen den beiden TN vereinbart:
- Vereinbarung, mit welcher Kraft zugeschlagen werden soll (z.B. 50%).
- Welche Körperteile nicht getroffen werden dürfen (z.B. Kopf, Genitalbereich).
- Wenn von einem TN „Stopp" gerufen wird, ist der Kampf sofort beendet.
- Vorsicht: Nicht mit dem Griff aus Holz zuschlagen.

Variationen:
Kämpfe werden fair, wenn die stärkere Person ein Handikap erhält, z.B. Rechtshänder benutzen die linke Hand.
Die schwächere Person kann beidhändig schlagen.
Weiterhin kann eine Person (oder beide) auf einem Bein stehen.
Zur Fixierung der Kampfentfernung können beide Personen jeweils ein Ende eines Handtuches o.ä. festhalten.

2.2.4   Mattenkampf

Material:	kein
Gruppengröße:	ab 2 Personen
Vorbereitungszeit:	keine
Durchführungszeit:	5 bis 15 Minuten

Beschreibung:
Zwei Teams (Es können auch zwei Personen sein.) befinden sich auf einer Matte oder einem begrenzten Bereich. Sobald ein Teilnehmer den Boden außerhalb des Bereiches berührt, scheidet er aus.

2.2.5   Tischklettern

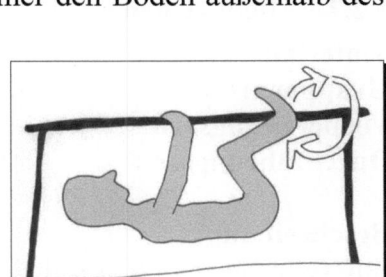

Material:	Tisch oder Turnpferd
Gruppengröße:	ab 2 Personen
Vorbereitungszeit:	keine
Durchführungszeit:	5 bis 15 Minuten

Beschreibung:
Ein Teilnehmer (TN) soll um einen Tisch (oder ein Turnpferd) klettern ohne den Boden zu berühren. Die anderen TN sollen verhindern, dass der Tisch umkippt oder der Kletterer unglücklich fällt.

2.2.6 Castortransport

Material:	kein
Gruppengröße:	ab 8 Personen
Vorbereitungszeit:	keine
Durchführungszeit:	15 bis 25 Minuten

Beschreibung:

Bei dieser Übung versucht eine Gruppe zusammen zu halten, indem sie einander fest halten und sich gegenseitig schützen. Eine etwas kleinere Gruppe versucht, diesen Zusammenhalt zu brechen. Wird ein Teilnehmer aus der zusammenhaltenden Gruppe entfernt, so scheidet dieser aus (oder wird Mitglied der Gegner). Erlaubt sind zunächst alle Mittel. Einzige Regel des Spiels: Sobald jemand laut STOPP ruft, wird jegliche Handlung unterbrochen. Der Rufer darf nun bestimmen, was ab sofort nicht mehr gilt (z.B. an den Haaren reißen, schlagen, Finger umbiegen ...). Ein Schiedsrichter achtet darauf, dass die Regeln eingehalten werden.

Reflexion:

- Wer hat Gewalt ausgeübt?
- Welche Regeln waren wichtig?
- Was war gemein?
- Wie war der Zusammenhalt?
- Wo gab es Probleme und wie wurden sie gelöst?

2.2.7 Bein ziehen

Material:	Blatt oder Lappen
Gruppengröße:	ab 2 Personen
Vorbereitungszeit:	keine
Durchführungszeit:	5 bis 10 Minuten

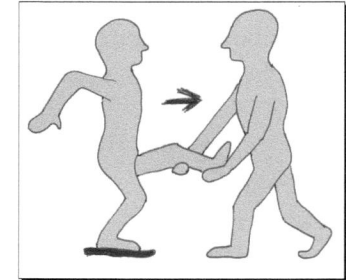

Beschreibung:

Ein Teilnehmer (TN1) stellt sich mit einem Fuß auf ein Blatt Papier oder einen Lappen. Wischlappen sind sehr gut dazu geeignet. Ein anderer (TN2) nimmt das andere Bein in Knie- bis Hüfthöhe. Dann zieht TN2 langsam TN1. TN1 sollte auf sein Gleichgewicht achten und die Beine anspannen. Dabei sollte er nicht hüpfen. TN2 achtet auf die Geschwindigkeit und dass TN1 nicht umfällt.

2.2.8 Bein hochdrücken

Material: Tisch oder Stuhl
Gruppengröße: ab 2 Personen
Vorbereitungszeit: keine
Durchführungszeit: 5 bis 10 Minuten

Beschreibung:
Ein Teilnehmer steigt auf ein Podest, z.B. einen Tisch. Er stellt sich auf ein Bein und geht bis zum Maximalpunkt in die Hocke. Mit dem anderen Bein soll er versuchen, dass Gleichgewicht zu halten. Andere TN achten darauf, dass er nicht nach hinten fällt. Aus dieser Position drückt sich der TN nach oben, ohne das andere Bein oder Arme zu benutzen.

Variationen:
In der Gruppenarbeit soll die Gruppe vorher einschätzen, wie viele Beine diese Übung schaffen. Also: Eine Gruppe mit zwölf TN hat 24 Beine. Wenn die Gruppe schätzt, dass es zwölf Beine schaffen, darf jeder TN einmal rechts und einmal links versuchen. Dann wird geschaut, ob die Einschätzung richtig war.

2.2.9 Liegestützenkampf

Material: kein
Gruppengröße: ab 2 Personen
Vorbereitungszeit: keine
Durchführungszeit: 5 bis 15 Minuten

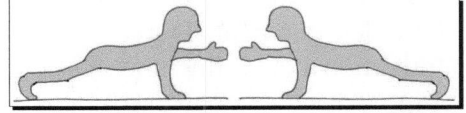

Beschreibung:
Zwei Teilnehmer (TN) begeben sich in Liegestützposition. Nur die Hände und die Fußspitzen dürfen den Boden berühren. Nun ist es die Aufgabe, den anderen TN zu Fall zu bringen. Dabei dürfen die Arme und Beine weggezogen werden. Man darf auch auf den anderen draufsteigen.

Vorsicht: Der Fall kann wehtun!!!

Variationen:
Die TN geben sich beide die rechte Hand und dürfen nicht loslassen. Jetzt soll durch Ziehen und Drücken der andere TN zu Fall gebracht werden

2.3 Zusammenarbeit

„Das Erlebnis kann man nicht rational vermitteln, es muss emotional erfahren werden. Man kann es nicht lehren, man muss es bisweilen inszenieren." (Kurt Hahn)

Zusammenarbeits-(Kooperations-)übungen fördern den Zusammenhalt in der Gruppe und das soziale Lernen jedes Einzelnen. Es gibt keine Sieger oder Verlierer, die Gruppe als Ganzes ist gefordert. Sie bekommt eine Aufgabe, die ihre Teamfähigkeit auf die Probe stellt. Jeder muss dazu beitragen, dass die Herausforderungen gelöst werden können.

Um zu gewährleisten, dass der vollzogene Lernprozess auch in den Gruppenalltag hineinwirkt, sollte im Anschluss gemeinsam ausgewertet werden.

In der Glenn Mills School wird genutzt, was die Schüler bereits von der Straße kennen: der Gruppenprozess einer „Streetgang". Beim gewaltvorbeugenden Training sollen die Teilnehmer zu einem „Team" werden und sich gegenseitig mit Hilfe der Trainer positiv entwickeln.

In der Arbeit mit gewaltbereiten Jugendlichen wurden in den letzten Jahren gute Erfahrungen mit dem Einsatz der erlebnis- und abenteuerpädagogischen Methoden gemacht. Durch verschiedene erlebnisorientierte Maßnahmen soll die Motivation der Teilnehmer gesteigert werden. Die Kooperationsfähigkeit in der Gruppe, das Selbstbewusstsein und das Vertrauen sollen aufgebaut werden.

2.3.1 Count down

Material:	kein
Gruppengröße:	ab 8 Personen
Vorbereitungszeit:	keine
Durchführungszeit:	5 bis 15 Minuten

Beschreibung:
Die Aufgabe bei diesem Spiel erscheint denkbar einfach: Beginnend mit der Zahl, die der Gruppengröße entspricht, soll schrittweise bis auf Null herunter gezählt werden. Bedingungen sind lediglich:
- Alle Teilnehmer müssen mit einer Zahl an diesem Count-down beteiligt sein.
- Es darf keine Verständigung über die Reihenfolge stattfinden.

- Sobald zwei Teilnehmer gleichzeitig mit einer Zahl ansetzen, muss wieder von vorn begonnen werden.

Variationen:
- Die Zählzahl wird erhöht, so dass einige oder auch alle TN mehrmals an der Reihe sind.
- Die Teilnehmer sitzen mit dem Rücken zur Gruppe.

2.3.2 Zauberstab

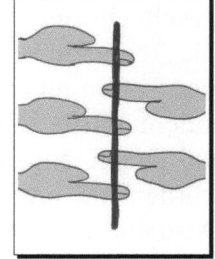

Material:	ein leichter Stab
Gruppengröße:	4 bis 14 Personen
Vorbereitungszeit:	keine
Durchführungszeit:	5 bis 60 Minuten

Beschreibung:
Mindestens vier Teilnehmer stellen sich gegenüber und strecken ihren Zeigefinger. Ein leichter Stab (z. B. Gardinenstange, Zollstock) wird auf diesen abgelegt und die Teilnehmer versuchen den Stab auf zwei Gegenständen (z. B. Gläser) abzulegen. Dabei darf der Kontakt aller Teilnehmer zum Stab nicht verloren gehen. Der Finger muss gestreckt bleiben und der Stab darf nicht festgehalten werden.

Bemerkung:
Um so mehr Teilnehmer, desto schwieriger ist die Durchführung. Diese Übung kann zu Frustrationen und damit zu Aggressionen in der Gruppe führen.

2.3.3 Wolkenkratzer

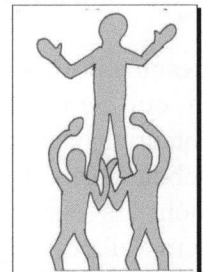

Material:	Klebeband
Gruppengröße:	ab 3 Personen
Vorbereitungszeit:	keine
Durchführungszeit:	10 bis 30 Minuten

Beschreibung:
Die Gruppe sollte ein Stück Klebeband möglichst hoch an einer glatten Wand oder Mauer anbringen. Dabei dürfen die Teilnehmer sich an der Mauer abstützen, dürfen diese aber nicht beklettern. Sie sollten unbedingt darauf achten, dass die aktiven Mitspieler ausreichend von der Gruppe gesichert werden. Außerdem sollten höchstens drei Mitspieler übereinander stehen dürfen.

2.3.4 Störrischer Widder

Material: Turnbank, Seil oder Baumstamm
Gruppengröße: ab 4 Personen
Vorbereitungszeit: ca. 2 Minuten
Durchführungszeit: 10 bis 30 Minuten

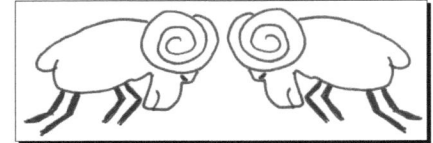

Beschreibung:

Die Teilnehmer werden in zwei Gruppen geteilt. Eine Gruppe stellt sich auf die eine Hälfte einer Turnbank oder eines Baumstammes, die andere Gruppe auf die andere Hälfte. Die beiden Gruppen stellen nun zwei Widderherden dar, die sich auf einem engen Gebirgspfad begegnen. Da Widder besonders störrisch sind, würden sie niemals zurück gehen und der anderen Herde den Vortritt lassen. Deshalb müssen sie versuchen, aneinander vorbeizukommen, ohne dass ein Widder abstürzt. Die Aufgabe gilt erst dann als gelöst, wenn alle Teilnehmer am jeweils anderen Ende angekommen sind. Fällt jemand von der Bank, so muss die gesamte Gruppe wieder die Ausgangsposition einnehmen und einen neuen Versuch starten.

2.3.5 Knoten lösen

Material: Seil
Gruppengröße: ab 3 Personen
Vorbereitungszeit: ca. 5 Minuten
Durchführungszeit: 10 bis 30 Minuten

Beschreibung:

In ein Seil werden viele einfach Knoten geknüpft. Die Anzahl der Knoten entspricht der Anzahl der Teilnehmer. Jeder Teilnehmer fasst nun mit einer Hand, neben einem Knoten ans Seil. Das Seil darf während der ganzen Übung nicht mehr losgelassen werden. Die Gruppe hat nun die Aufgabe, sämtliche Knoten aus dem Seil zu lösen, ohne die Hände vom Seil zu nehmen.

2.3.6 Bermudadreieck

Material: 3 Bänke
Gruppengröße: ab 9 Personen
Vorbereitungszeit: keine
Durchführungszeit: 10 bis 30 Minuten

Beschreibung:
Drei Turnbänke werden zu einem Dreieck zusammengestellt. Die Teilnehmer stellen sich gleichmäßig verteilt auf die Bänke und befinden sich damit im "Bermudadreieck". Nun sollen die drei Personen, die auf der Mitte der drei Bänke stehen, versuchen, auf die Mitte der nächsten Bank zu kommen. Dabei darf niemand von den Turnbänken in das gefährliche Bermudadreieck fallen. Im zweiten Durchgang werden die Turnbänke auf die Sitzflächen gedreht, so dass die Teilnehmer auf den Balken der Bänke stehen. Die Aufgabenstellung bleibt die gleiche. Nachdem verschiedene Teilnehmer erfolgreich die Plätze gewechselt haben, kann der dritte Durchgang erfolgen. Drei Teilnehmer, die besonders viel Vertrauen zur Gruppe haben, stellen sich in die Mitte der Bänke, schließen die Augen und versuchen mit geschlossenen Augen zur Mitte der nächsten Bank zu kommen.

2.3.7 Jurtenkreis

Material:	kein
Gruppengröße:	ab 6 Personen
Vorbereitungszeit:	keine
Durchführungszeit:	10 bis 20 Minuten

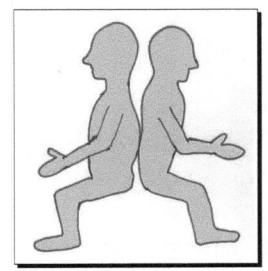

Beschreibung:
Eine Gruppe mit gerader Teilnehmerzahl stellt sich im Kreis auf. Jetzt werden die Teilnehmer abgezählt "1", "2", "1", "2" usw.. Nun halten sich alle an den Händen fest, die Füße stehen zusammen fest auf dem Boden. Gleichzeitig lassen sich alle "Einser" vorsichtig nach vorne und alle "zweier" nach hinten gleiten. Dadurch entsteht, von den jeweiligen Nachbarn gehalten, eine "Zick-Zack-Linie". Auf ein Kommando des Spielleiters wechseln die Positionen ("1" nach hinten und "2" nach vorne).

2.3.8 Aufstand zu zweit

Material:	kein
Gruppengröße:	ab 6 Personen
Vorbereitungszeit:	keine
Durchführungszeit:	10 bis 20 Minuten

Beschreibung:

Es werden Paare gebildet. Dann mit den Rücken aneinander hinstellen, Arme und Kopf hängen locker vornüber. Langsam Wirbel für Wirbel hochkommen. Wenn beide aneinander stehen, ohne die Arme zu verschränken, hinsetzen. So wieder zu zweit aufstehen. Dann Arme miteinander verschränken und wieder setzen und aufstehen. Dann den Partner auf den Rücken nehmen, ein wenig lockern so dass jeder Wirbel spürbar ist. Dieses wiederholt man bis eine gute Lockerung erreicht ist.

2.3.9   Haus vom Nikolaus

Material:	Seil (5 bis 20 m)
Gruppengröße:	ab 5 Personen
Vorbereitungszeit:	keine
Durchführungszeit:	10 bis 15 Minuten

Beschreibung:

Die Teilnehmer (TN) nehmen jeweils mit der rechten Hand das Seil. Sie dürfen das Seil nicht loslassen, aber die Hand am Seil verschieben. Nun soll die Gruppe das Haus vom Nikolaus waagerecht in der Luft mit dem Seil legen. Wenn sie fertig sind, sollen sie es auf den Boden legen.

Variationen:
- Die TN dürfen nicht reden.
- Einige TN haben die Augen verbunden

2.4   *Zusammenarbeit mit engerem Körperkontakt*

„Wo Klugheit gilt, da schafft Gewalt nichts."
(Herodot von Halikarnassos)

Hier gilt das Gleiche wie bei den vorherigen Kooperationsübungen. Durch die Nähe und die Enge wird noch mehr Vertrauen hergestellt. Oft kommt zu Beginn bei Jungen der Satz: „Ich bin doch nicht schwul!" Innerhalb von kurzer Zeit entwickeln sie aber einen sehr großen Spaß an den Übungen und empfinden den Körperkontakt auch nicht mehr als etwas „Schreckliches"!

2.4.1 Gordischer Knoten

Material: kein
Gruppengröße: ab 5 Personen
Vorbereitungszeit: keine
Durchführungszeit: 10 bis 30 Minuten

Beschreibung:

Bei dieser Übung geht es darum, einen Gordischen Knoten aus Menschen zu knüpfen, um ihn danach wieder zu lösen. Die Teilnehmer (TN) stellen sich dazu im Kreis auf, schließen die Augen und strecken die Arme aus. Danach gehen sie in die Mitte des Kreises. Nun greift jeder nach zwei Händen. Wenn der Knoten richtig sitzt, dürfen die TN ihre Augen öffnen. Jetzt beginnt der schwierige Teil der Aufgabe. Die TN sollen versuchen, den so entstandenen Knoten zu lösen, ohne dass sie die Hände ihrer Nachbarn loslassen. Am Ende sollten alle Teilnehmer möglichst in einem großen Kreis stehen.

2.4.2 Polarreise

Material: Stühle, Tische usw.
Gruppengröße: ab 2 Personen
Vorbereitungszeit: keine
Durchführungszeit: 15 bis 60 Minuten

Beschreibung:

Ein vom Leiter vorbereitetes Spielfeld stellt den Nordpol dar. Die Teilnehmer sind auf einer Insel gestrandet und sollen das Polarmeer durchqueren, ohne dass dabei jemand ins Wasser fällt. Je nach räumlichen Gegebenheiten werden den Teilnehmern dazu unterschiedliche Hilfsmittel zur Verfügung gestellt. Sollte ein Teilnehmer den Boden berühren, kann er nur gerettet werden, indem die gesamte Gruppe zum Ausgangspunkt zurückkehrt und sich erneut auf den Weg macht. Die Aufgabe gilt erst dann als gelöst, wenn die gesamte Gruppe am Zielort angekommen ist.

2.4.3 Schollenfluss

Material: Blätter Papier
Gruppengröße: ab 3 Personen
Vorbereitungszeit: keine
Durchführungszeit: 15 bis 60 Minuten

Beschreibung:
Bis auf einen Teilnehmer (TN) bekommen alle je ein Blatt Papier. Dann versuchen sie von einer Seite des Raumes zur anderen Seite zu kommen ohne den Boden zu berühren. Die Teilnehmer dürfen den Kontakt zur Gruppe und zu jedem einzelnen Blatt nicht verlieren. Ist ein Blatt ohne Kontakt zu einer Person, wird es von der Strömung (Leiter) weggerissen. Hat die Gruppe den Kontakt zu einer Person verloren oder berührt ein Teilnehmer den Boden, beginnt die Übung von vorne.

Bemerkungen:
Hier müssen die Teilnehmer teilweise engen Körperkontakt halten. Bitte achten Sie darauf, dass es allen recht ist, den anderen zu berühren. Diese Übung also erst durchführen, wenn bereits eine Vertrautheit in der Gruppe herrscht, dass die TN sich ohne Probleme anfassen.

2.4.4   Vierzehn minus Zehn

Material:	kein
Gruppengröße:	ab 3 Personen
Vorbereitungszeit:	keine
Durchführungszeit:	10 bis 30 Minuten

Beschreibung:
Die Teilnehmer (TN) sollen in Kleingruppen den Raum zwischen Start- und Ziellinie durchqueren. Das Problem besteht darin, dass nicht alle Füße benutzt werden dürfen, um die Strecke von ca. zehn Metern zu überwinden. Außerdem darf der Körperkontakt nicht unterbrochen werden. Zum Aufwärmen kann man dazu mit jeweils zwei Personen und zwei Füßen anfangen. Nach dem ersten Durchgang bilden jeweils zwei Gruppen eine größere Gruppe und die Anzahl der erlaubten Füße pro TN wird reduziert. Im letzten Durchgang gibt es nur noch eine große Gruppe, die das Spielfeld überqueren soll. Die Anzahl der Füße kann vorgegeben oder von der Gruppe selbst gewählt werden.

2.4.5   Das Blatt wenden

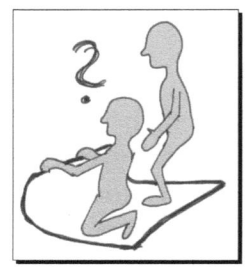

Material:	Baumarktfolie / Decke
Gruppengröße:	ab 6 Personen
Vorbereitungszeit:	keine
Durchführungszeit:	10 bis 20 Minuten

Beschreibung:
Die ganze Gruppe stellt sich auf eine ausgebreitete Decke oder Folie. Die Gruppe soll versuchen, die Decke/Folie zu wenden, ohne den Boden mit auch nur einem Körperteil zu berühren.

Reflexionen:
Was möchtet Ihr hinter Euch lassen? Welche neuen Werte wollt Ihr eröffnen?

2.4.6   Sardinendose

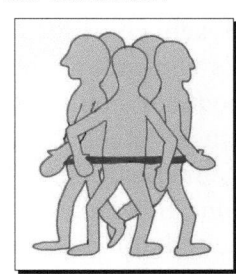

Material:	Seil / Fahrradschlauch
Gruppengröße:	ab 3 Personen
Vorbereitungszeit:	keine
Durchführungszeit:	10 bis 30 Minuten

Beschreibung:
Wer wissen möchte wie sich Sardinen in einer Dose fühlen, sollte diese Übung ausprobieren. Alle Mitspieler stellen sich möglichst dicht gedrängt zusammen. Dann wird die Gruppe mit einem Seil umwickelt. Die (wie die Sardinen zusammengedrängte) Gruppe soll sich nun zu einem vorgegebenen Ort bewegen. Dabei darf das Seil nicht herunterfallen. Hindernisse wie Türen oder Treppen müssen dabei entweder umgangen oder überwunden werden.

2.4.7   Amöbe

Material:	kein
Gruppengröße:	ab 5 Personen
Vorbereitungszeit:	keine
Durchführungszeit:	10 bis 20 Minuten

Beschreibung:
Eine Amöbe ist ein Einzeller, der aus einer Zellwand, dem Protoplasma und dem Zellkern besteht. Das Protoplasma unserer Amöbe besteht aus Menschen, die nichts gegen engen Körperkontakt haben. Die Zellwand wird von Mitspielern gebildet, die sich mit dem Gesicht nach außen ineinander einhaken. Gesteuert wird die Amöbe vom Zellkern, einem Mitspieler, der vorher von der Gruppe bestimmt wird. Nach der Bildung der Amöbe schließen alle Mitspieler die Augen. Nur der Zellkern sieht jetzt noch und hat die Aufgabe, die Amöbe heil an einen vorher bestimmten Ort zu bringen.

2.4.8   Kleinstes Haus

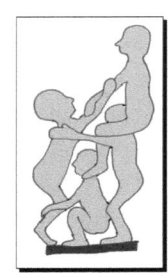

Material: Seil, Zeitung oder Klebeband
Gruppengröße: ab 4 Personen
Vorbereitungszeit: keine
Durchführungszeit: 15 bis 50 Minuten

Beschreibung:
Es wird mit Klebeband ein Viereck auf den Boden geklebt, in dem die Teilnehmer bequem Platz finden. Die Gruppe hat jetzt die Aufgabe, ihr Viereck innerhalb einer vorgegebenen Zeit möglichst so klein zu gestalten, dass gerade noch alle Teilnehmer darin Platz finden. Wenn sich die Teilnehmer einer Gruppe mindestens fünf Sekunden in ihrem kleinen Haus aufhalten können, ohne dass der Boden außerhalb der Markierungen berührt wird, wertet der Leiter die Aufgabe als gelöst. Dann wählt der Leiter die Größe des Feldes.

2.4.9   Elektrischer Draht

Material: Flatterband oder Seil
Gruppengröße: ab 3 Personen
Vorbereitungszeit: keine
Durchführungszeit: 15 bis 25 Minuten

Beschreibung:
Der "Elektrische Draht" wird in dieser Übung durch ein in Hüfthöhe gespanntes Stück Flatterband dargestellt. Die Teilnehmer sollen sich in einer Reihe nebeneinander stellen und sich an den Händen fassen. Die Gruppe hat nun die Aufgabe, über den Elektrischen Draht zu kommen. Die Hände dürfen dabei nicht losgelassen werden und es darf auf keinen Fall gesprungen werden. Berührt ein Teilnehmer den Draht, oder lässt die Hand seines Nachbarn los, müssen alle Teilnehmer wieder auf die Startseite. Bei jedem neuen Versuch darf die Position der Mitspieler in der Reihe gewechselt werden. Der Spielleiter darf nach seinem Ermessen Zeitpunkte bestimmen, zu denen der Strom im Draht abgestellt ist, so dass kleinere Berührungen des Drahtes nicht unbedingt gewertet werden müssen.

3 Gruppenphase Arbeit

„Das Beispiel ist einer der besten Lehrmeister, obgleich er wortlos ist." (Samuel Smiles)

Dritte Phase
Regelung des Gruppenlebens – Konsolidierungsphase (Norming)
Vertrauensphase

In der **dritten Phase (Vertrautheit und Intimität)** sind die Strukturen und Rollen innerhalb der Gruppe stärker festgelegt und die persönliche Beteiligung der Gruppenteilnehmer wächst. Das Gruppenverhalten ist geprägt durch einen intensiven Austausch der Gruppenmitglieder; das ermöglicht auch persönliche Lernerfolge.

Merkmale
Die Gruppenmitglieder sind nun miteinander vertraut und der Gruppenzusammenhalt erreicht seinen Höchstwert. Es besteht allerdings die Gefahr, dass einzelne bei dieser Entwicklung außen vor bleiben.

Handlungsmöglichkeiten
Wettkämpfe gegen andere Gruppen machen hier besonders viel Spaß. Der Leiter sollte Acht geben, dass niemand ausgeschlossen wird und auch abweichende Ansichten als die Mehrheitsmeinung in der Gruppe akzeptiert werden. Kompromisse sollen eingeübt werden und Entscheidungen können nun demokratisch gefällt werden. Identitätsstiftende Symbole (Gruppenname, Gruppenfahne, Gruppensong, Gruppenwappen etc.) werden nun gerne erarbeitet und gehen leicht von der Hand. Nun ist die Gruppe am produktivsten und die Gruppe kann nun an den „wichtigen" Themen arbeiten.

3.1 Problem-Lösungs-Aufgaben

„Einer musste ja schließlich damit anfangen."
(Sophie Scholl 1943 vor Gericht)

Problem-Löse-Aufgaben sind meist komplexer und oft langwieriger als Kooperationsübungen. Kommunikation und Teamabsprachen sind zwingend erforderlich zur Erfüllung des Ziels.

3.1.1 Gruppenfoto

Material:	Fotoapparat(e)
Gruppengröße:	ab 2 Personen
Vorbereitungszeit:	keine
Durchführungszeit:	30 bis 120 Minuten

Beschreibung:
Die Gruppe wird mit einem Fotoapparat ausgestattet und bekommt die Aufgabe, auf einem belebten Platz, ein Foto von einer bestimmten Gruppe zu machen. Ein Gruppenfoto könnte z.B. so beschrieben werden:

Zwei Männer über 60 Jahren	Ein Mann mit Vollbart
Fünf Kinder unter 8 Jahren	Ein Taxifahrer
Ein Polizist	Ein Mann im Anzug
Ein Hund	Zehn weitere Personen
Zwei Touristen aus dem Ausland	Einen Menschen mit bunter Kleidung

Wie die Gruppe die Menschen zur Teilnahme am Gruppenfoto überzeugt, bleibt den einzelnen Teilnehmern überlassen. Nur Bestechung ist verboten.

3.1.2 Reaktorbergung

Material:	Seil und diverses Material, Reaktor (Tonne, Kasten), Glas Wasser
Gruppengröße:	ab 3 Personen
Vorbereitungszeit:	ca. 10 Minuten
Durchführungszeit:	25 bis 45 Minuten

Beschreibung:

Die Gruppe hat die Aufgabe, einen Störfall in einem Kernkraftwerk zu beheben. Da die Kühlung ausgefallen ist, muss der Reaktorkern innerhalb von 45 Minuten geborgen werden. Nur so kann ein größerer Unfall verhindert werden. Der Reaktorraum, der nicht betreten werden darf, wird durch eine Fläche von 4 x 4 Metern dargestellt, die mit einem Seil oder Flatterband abgesperrt ist. In der Mitte des Reaktorraumes befindet sich der Reaktor (große Mülltonne, offener Turnkasten, großes offenes Fass o.ä.). Im Reaktor befindet sich der höchst empfindliche Reaktorkern, der durch einen Eimer mit Henkel dargestellt wird, in dem sich ein Becher mit Wasser befindet. Sollte der Brennstab (der mit Wasser gefüllte Becher) umfallen, gilt die Aufgabe als nicht gelöst. Da die Teilnehmer wegen der Verstrahlungsgefahr nicht in den Reaktorraum dürfen, werden ihnen Hilfsmittel zur Verfügung gestellt (z.B. Zollstock, Klebeband, Kletterseil, Karabiner, Spiegel usw.). Die Aufgabe gilt als gelöst, wenn der Reaktorkern außerhalb des Reaktorraumes steht, ohne dass der Brennstab umgefallen ist.

3.1.3 Tweetys Rettung

Material: genug rohe Eier (auch Reserven), Strohhalme, Klebestreifen, Papier

Gruppengröße: ab 3 Personen

Vorbereitungszeit: keine

Durchführungszeit: 35 bis 90 Minuten

Beschreibung:

Die Kleingruppen haben die Aufgabe, ein Ei („Tweety") mit dem wenigen zur Verfügung gestellten Material so zu verpacken, das es einen Sturz aus ungefähr zwei Metern Höhe überlebt. Die Kleingruppen sollten aus drei bis vier Personen bestehen, die mit einem rohen Ei und dem Material ausgestattet werden. Nachdem die Gruppen 30 Minuten lang unbeobachtet gebastelt haben, versammeln sich alle an Tweetys Nest. Dort stellen die Gruppen ihre Konstruktionen vor, die nacheinander vom Spielleiter aus dem Nest geschubst werden. Sollten die ersten Eier zerbrechen, kann bei Interesse der Teilnehmer ein zweiter Konstruktionsversuch unternommen werden. Bleiben alle Eier heil, kann nach Absprache mit den Gruppen die Fallhöhe erhöht werden.

Ich habe auch schon den Gruppen nur rohe Eier gegeben und sie sollten sich ihr Bastel- und Schutzmaterial selbst suchen (z.B. in der Natur).

3.1.4 Die tiefe Schlucht

Material: Kletterseil
Gruppengröße: ab 3 Personen
Vorbereitungszeit: Turnhalle keine / draußen 5 Min.
Durchführungszeit: 15 bis 30 Minuten

Beschreibung:
Die Gruppe soll versuchen, mit Hilfe eines Seiles, über eine Schlucht zu schwingen. In einer Turnhalle wird dazu eines der fest installierten Kletterseile genutzt. Im Freien muss ein Seil an einem stabilen Ast eines Baumes befestigt werden. Um den Punkt, den das hängende Seil auf dem Boden berühren würde, wird ein Kreis mit etwa fünf Metern Durchmesser gezogen. Dieser Kreis kennzeichnet die tiefe Schlucht. Die gesamte Gruppe steht in einem Feld von ca. 1 x 1 m und versucht in ein gleich großes Feld auf der anderen Seite der Schlucht zu gelangen, ohne den Boden zu berühren. Berührt ein Mitspieler den Boden, muss die gesamte Gruppe zum Ausgangsfeld zurückkehren und einen neuen Versuch unternehmen.

3.1.5 Turmbau zu Babel

Material: Papier und/oder Bastelmaterial
Gruppengröße: ab 4 Personen
Vorbereitungszeit: keine
Durchführungszeit: 15 bis 30 Minuten

Beschreibung:
Zwei oder mehr Gruppen (zwei bis fünf Teilnehmer) bekommen alle das gleiche Bastelmaterial und bauen einen Turm. Gewonnen hat der Turm, der am höchsten ist und stehen bleibt. Bei gleicher Höhe zählt die Schönheit.
Varianten:
- Es darf nicht ein Wort gesprochen werden. Pro Gruppe ist ein Schiedsrichter notwendig.
- Zwei Gruppen bauen zusammen einen Turm. Kommunikation findet nur über je einen Kontaktmann statt. Die Gruppen sind voneinander getrennt.
- Die Baugruppen bekommen nur Papierbögen.
- Der Turm muss ein Buch aushalten, welches auf die Turmspitze gelegt wird.

3.1.6 Spinnennetz

Material: Netz aus Seilen oder Bändern
Gruppengröße: ab 6 Personen
Vorbereitungszeit: ca. 15 Minuten
Durchführungszeit: 20 bis 60 Minuten

Beschreibung:

Das Spinnennetz ist mittlerweile ein Klassiker unter den Kooperationsübungen. Es bietet eine Vielzahl von Variationen und Auswertungsmöglichkeiten. Schließlich ist sein hoher Symbolgehalt sehr beliebt. Ein Spinnennetz ist leicht und billig herzustellen und praktisch überall mit hinzunehmen.

Die Gruppe soll versuchen durch verschiedene Öffnungen eines aus Seilen gespannten Netzes zu klettern, ohne dieses zu berühren.

Regeln:

- Die ganze Gruppe muss durch das Netz hindurch, ohne einen Faden zu berühren.
- Jede Öffnung darf nur ....mal benutzt werden. (je nach Gruppengröße)
- Berührt jemand den Faden, so muss die Gruppe noch mal von vorne anfangen.

Varianten:

- einen Eimer Wasser transportieren lassen
- ohne sprechen
- verschiedene Handikaps (blind, Hände zusammengebunden usw.)
- die Gruppe soll in ständigem Körperkontakt miteinander stehen.
- Jedes Loch im Netz entspricht einer neuen Fähigkeit (Produkt, etc.) im Team. Wenn eine Person durch dieses Loch gereicht wird, ohne das Netz zu berühren, bedeutet dies, dass sie diese Fähigkeit bestens meistern kann. Jede Berührung mit dem Netz drückt ein Problem, einen Verlust oder gar Rückschritt (in alte ungewollte Gewohnheiten) aus.

Auswertung:

Oft wird bei dieser Initiative schnell vergessen, welchen Beitrag, welche Bedürfnisse der Einzelne hat. Alles wird ungefragt der Aufgabe untergeordnet.

Was ist wichtiger:

Die Konzentration auf die Aufgabe, oder auf die Teilnehmer?

Welche Gewohnheiten wollen wir hinter uns zurücklassen?

Welche neuen Fähigkeiten wollen wir erreichen?

3.1.7 Brückenbau

Material:	Papierblätter
Gruppengröße:	ab 6 Personen
Vorbereitungszeit:	keine
Durchführungszeit:	20 bis 30 Minuten

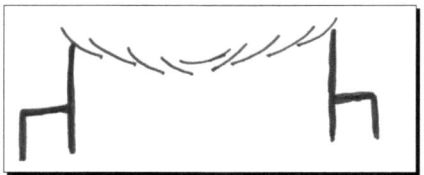

Beschreibung:
Mehrere Gruppen mit bis zu fünf Teilnehmern haben zwei Stühle im Abstand von ca. drei Metern und Papierblätter. Innerhalb von 15 Minuten sollen die Gruppen eine freischwebende Brücke aus dem Papier zwischen den Stühlen bauen.

Variationen:
Eine Gruppe bekommt ein Blatt Papier; eine Gruppe bekommt zehn Blatt Papier; eine Gruppe bekommt 100 Blatt Papier

3.2 Kommunikation

„Auch fängt keiner ja einen Streit an, wenn er den ersten Schlag tut: solange der andre ihn einsteckt, ist der Streit hinfällig. "
(Hartmann von Aue)

Kommunikation ist der Austausch von Informationen auf verschiedenen Wegen. Nach dem österreichischen Kommunikationswissenschaftler **Paul Watzlawick** (1921-2007) teilt sich jeder Mensch immer mit („Man kann nicht nicht kommunizieren."). Kommunikation ist ein wichtiges Thema, weil Gewalt eine (Ab-)Art des sich Mitteilens ist. Der Sender (Schläger) sendet nicht-sprachlich eine Nachricht (Schlag) zum Empfänger (Geschlagenen).

Wichtig bei der gewaltfreien Kommunikation ist die Unterscheidung zwischen:
- Beobachtung & Wertung
  Versuchen Sie klare und objektive Beobachtungen mitzuteilen. Werten Sie dabei nicht. (Wörter wie „dreckig", „unordentlich", „dumm" usw. sind bereits Wertungen.)
- Bitte & Forderung
  Wenn möglich stellen Sie eine Bitte und keine Forderung. Eine Forderung hat negative Konsequenzen, wenn sie nicht erfüllt wird.

3.2.1 Gruppe und Außenseiter

Material: kein
Gruppengröße: ab 6 Personen
Vorbereitungszeit: keine
Durchführungszeit: 10 bis 20 Minuten

Beschreibung:
Was erlebt und was fühlt ein Außenseiter?
Es wird ein Teilnehmer (TN) aus der Gruppe ausgewählt, der über ein ausgeprägtes Selbstvertrauen verfügt. Er übernimmt die Rolle des "Außenseiters". Der Rest der Gruppe spielt: "Treffen, Begrüßen, Unterhalten". Alle TN laufen dabei durch den Raum, schütteln sich die Hände, begrüßen sich (auch Umarmen) und unterhalten sich. Der Außenseiter geht ebenfalls durch den Raum und versucht, mit den anderen in Kontakt zu kommen. Die Gruppenmitglieder wehren jeden Kontaktversuch ab und weichen dem Außenseiter aus.

Besondere Hinweise:
In der Gruppe sollte ein hohes Maß an Vertrautheit vorhanden sein. Die Außenseiterrolle kann einige Male gewechselt werden. <u>Auf keinen Fall</u> sollte dabei ein TN gewählt werden, welcher in der Gruppe eine Randstellung oder eine andersartig schwierige Stellung einnimmt.

3.2.2 Lego bauen

Material: Lego, Augenbinde
Gruppengröße: ab 2 Personen
Vorbereitungszeit: keine
Durchführungszeit: 15 bis 25 Minuten

Beschreibung:
Es gibt von Lego alle möglichen kleinen Schachteln mit Bausteinen, die ein Raumschiff, ein Auto oder sonstiges ergeben, wenn man diese richtig zusammenbaut. Für Anfänger gibt es die Bausteine von Lego Duplo.
Eine Person bekommt die Augen verbunden und hat vor sich die Lego-Steine. Die andere Person sitzt mit dem Rücken dazu und hat die Bauanleitung. Nun erklärt er der „blinden" Person, wie diese die Steine zusammensetzen soll. Eine dritte Person kann noch die Steine anreichen und eine vierte kann erklären ohne die Steine zu berühren. Es kann auch als Wettspiel mehrerer Gruppen initiiert werden.

3.2.3 Karten legen

Material:	2 Kartenspiele
Gruppengröße:	ab 2 Personen
Vorbereitungszeit:	keine
Durchführungszeit:	35 bis 40 Minuten

Beschreibung:

Die Gruppe wird geteilt und jede Untergruppe wird in einem anderen Raum untergebracht. Jede Untergruppe bekommt ein Skat-Kartenspiel und sie sollen es innerhalb von 30 Minuten genau gleich auslegen. Innerhalb dieser Zeit dürfen sich jeweils eine Person aus jeder Untergruppe treffen und 60 Sekunden lang austauschen. Es darf nicht geschrieben oder fotografiert werden. Die Zeiten der Treffen werden vorher vereinbart. Beim Auslegen der Spielkarten gelten folgende Regeln: - Die Hälfte der Karten muss verbaut werden.
- Mindestens zwei Karten pro Zahl und Bild.
- Keine gleich langen Kanten.

3.2.4 Würfelturm

Material:	12 Würfel, Augenbinde
Gruppengröße:	ab 2 Personen
Vorbereitungszeit:	keine
Durchführungszeit:	5 bis 15 Minuten

Beschreibung:

Ein Teilnehmer (TN) baut einen Turm aus sechs Würfeln. Nun erklärt er einer anderen Person, wie sie diesen Turm nachbauen soll, ohne ihn gesehen zu haben.

Variationen:

Der Leiter baut einen Turm aus sechs Würfeln. Einem TN werden die Augen verbunden und er bekommt sechs Würfel in die Hand. Ein anderer TN erklärt nun dem „blinden" TN, wie er den Turm nach dem Vorbild baut.

3.2.5 Grabola

Material:	kein
Gruppengröße:	ab 3 Personen
Vorbereitungszeit:	keine
Durchführungszeit:	5 bis 15 Minuten

Beschreibung:
Ein Gruppenmitglied unterhält sich mit zwei Personen aus den anderen Gruppen in einer erfundenen Sprache (Grabola). Es ist eine Party und er ist 30 Sekunden gelangweilt, 30 Sekunden auf Ectasy und 30 Sekunden extrem auf Partnersuche. Dann werden die Rollen gewechselt.

3.2.6   Bildbeschreibung

Material:	Bild, Papier, Stifte
Gruppengröße:	ab 5 Personen
Vorbereitungszeit:	keine
Durchführungszeit:	10 bis 20 Minuten

Beschreibung:
Der Teilnehmer (TN) 1 bekommt ein Bild. TN 2 bis 5 stehen vor der Tür und kommen einzeln und nacheinader rein. TN 1 erklärt dem TN 2, wie dieses Bild aussieht. TN 2 erklärt es TN 3, TN 3 erklärt es TN 4. Dieser erklärt es nun TN 5 und der malt es dann auf ein großes Blatt Papier.

3.2.7   Gefühle zeigen

Material:	kein
Gruppengröße:	ab 5 Personen
Vorbereitungszeit:	keine
Durchführungszeit:	5 bis 15 Minuten

Beschreibung:
Ein Gruppenmitglied stellt fünf vorgegebene Gefühle nonverbal dar. Die eigene Gruppe soll alle erraten, z.B.
- Ärger, panisch, verzweifelt, erregt, nervös
- Freude, bedrückt, dankbar, geschmeichelt, überrascht
- Trauer, Scham, verliebt, minderwertig, schuldig

3.2.8   Wörter einflechten

Material:	Papier, Stifte
Gruppengröße:	ab 4 Personen
Vorbereitungszeit:	keine
Durchführungszeit:	5 bis 15 Minuten

Beschreibung:
Ein Gruppenmitglied hält einen Vortrag von ca. zwei Minuten. Die anderen beiden Gruppen halten zwischendurch zweimal ein Wort hoch und der Vortragende flechtet diese vier Wörter direkt sinnvoll mit ein.

3.2.9 Texte mal anders

Material: Texte
Gruppengröße: ab 3 Personen
Vorbereitungszeit: keine
Durchführungszeit: 10 bis 15 Minuten

Beschreibung:
Ein Gruppenmitglied liest den Text vor, mit der jeweiligen Betonung, die in der Überschrift festgelegt wurde, z.B.
- ein Liebesgedicht oder -roman wird wie ein Nachrichtensprecher vorlesen.
- eine Gebrauchsanweisung wird erotisch und gefühlvoll vorlesen.
- trauriger oder grausamer Nachrichtentext wird humorvoll und lustig vorgelesen.

3.3 Thema Gewalt

„Wer mit kleinen Dingen keine Geduld hat, wird große Dinge nie erreichen" (Ying-Xian Wang)

Es finden sich zahllose Definitionen des Wortes „**Gewalt**" und jede beschreibt es ein wenig anders. Jemanden „aufschlitzen" ist Gewalt. Doch wie ist es, wenn es sich um einen Chirurgen handelt, der eine lebenswichtige Operation durchführt? Ist es wirklich Gewalt, wenn Sie Ihr Kind *gewalt*-sam festhalten, damit es nicht auf die Straße läuft? Ist es Gewalt, wenn ein gewalttätiger Diktator ermordet oder ein Krieg für Menschenrechte geführt wird? Dies definiert jeder Mensch für sich selbst.

„Gewalt zerstört" lautet die kurze und prägnante Definition des Bielefelder Pädagogen Wilhelm Heitmeyer. „Gewalt tut weh", sagen die Deeskalationstrainer der Gewaltakademie Villigst. Gewalt ist also ein Verhalten, welches andere schädigt.

3.3.1 Gewaltzahlenstrahl

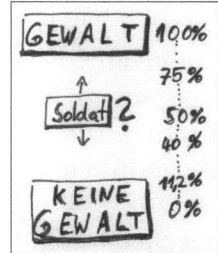

Material:	Papier mit Begriffen
Gruppengröße:	ab 4 Personen
Vorbereitungszeit:	5 bis 30 Minuten
Durchführungszeit:	15 bis 25 Minuten

Beschreibung:

Im Raum werden zwei Blätter mit den Aufschriften „GEWALT" und „KEINE GEWALT" ca. fünf bis zehn Meter auseinander auf den Boden gelegt. Jeder Teilnehmer (TN) bekommt ein bis drei Blätter mit verschiedenen Begriffen. Nun soll jeder TN seine Blätter zwischen den beiden Polen (Gewalt / Keine Gewalt) verteilen. In der zweiten Stufe werden die Blätter von den anderen umsortiert. In der dritten Stufe wird diskutiert, wo welche Blätter einsortiert werden sollten.

Mögliche Begriffe auf den Blättern: Polizist, Soldat, Boxer, Prostituierte, Rambofilme, Schulhofprügelei, Frau mit Kopftuch, Erziehungsklapps, Beleidigungen, Stierkämpfer, Kampfkünstler, Atomkraftgegner, Duell, Einbrecher, Araber, Juden, Foul, Skinhead, Knutschfleck, Lügen, Freier im Bordell, Asylbetrug, Metzger usw.

Einige Begriffe mit Bild finden Sie unter Service auf der Seite www.baer-sch.de.

3.3.2 Schimpfwörter-ABC

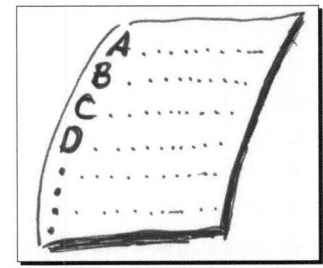

Material:	Papier, Stifte
Gruppengröße:	ab 2 Personen
Vorbereitungszeit:	keine
Durchführungszeit:	15 bis 20 Minuten

Beschreibung:

Jeder Teilnehmer (TN) schreibt auf ein Papier alle Schimpfwörter und Beleidigungen von A bis Z (A-loch, Bastard, Charakterschwein, …). Danach sollen die TN Lobe und Komplimente von A bis Z aufschreiben. In der anschließenden Reflexion soll geschaut werden, ob es irgendwelche Unterschiede gab.

Variationen:

Jeder TN schreibt Filme und Serien mit Gewalt von A bis Z auf (A-Team, Batman, Conan, …) und dann Filme und Serien ohne Gewalt.

3.3.3   Körpersprache – Macht – Gewalt

Material: kein
Gruppengröße: ab 2 Personen
Vorbereitungszeit: keine
Durchführungszeit: 10 bis 20 Minuten

Beschreibung:

Die Teilnehmer (TN) sollen sich bewusst ängstlich, aggressiv oder selbstsicher vor die Gruppe stellen. Was sagt die Körperhaltung über jemanden aus? Experimentieren Sie damit herum.

Variationen:

Die Gruppe wird in Zweierteams aufgeteilt. Jeweils ein TN ist Bildhauer, der andere TN die Statue. Nun wird die Statur in eine ängstliche Körperhaltung gestellt. Dann werden die Rollen gewechselt und die Statur wird aggressiv hingestellt. In der Reflexion wird die neutrale und selbst-bewusste Körperhaltung erarbeitet.

Erläuterung:

Die Wirkung einer Botschaft ergibt sich dabei nur zu etwa 7 Prozent aus ihrem sprachlichen Inhalt. Zu 38 Prozent bestimmen Betonung und Sprechweise unsere Aussage, zu 55 Prozent sind es unsere Gesten und Bewegungen (A. Mehrabian).

Die Körpersprache ist also sehr entscheidend und Sie können in allen Kulturen u.a. eine Gemeinsamkeit wieder entdecken: „Groß ist besser als klein". Im Deutschen heißt es: Sie sind „mickerig", „klein-mütig", „nieder-trächtig", „klein-laut", ein „Klein-geist", haben „niedere Instinkte" oder kommen aus der „unteren Schicht". Um dem Gegenüber Respekt zu erweisen, machen wir uns kleiner. Sie nehmen zur Begrüßung den Hut ab, verbeugen sich („einen Diener machen") oder machen sogar einen Knicks.

Der „Ängstliche Typ" strahlt seine Unsicherheit in Gestik und Mimik aus. Der Begriff Angst kommt aus dem lateinischen und bedeutet soviel wie „Enge". Der Gang und die Bewegungen wirken „eingeengt" furchtsam und der Gesichtsausdruck scheint besorgt zu sein. Die Haltung ist gebückt, die Beine stehen eng zusammen, die Arme befinden sich vor dem Körper, die Schultern und der Kopf sind nach vorne gebeugt. Der „Ängstliche" schützt alle seine empfindlichen Körperteile, die sich auf seiner vertikalen Mittellinie befinden

(Nasenbein, Kehlkopf, Solarplexus, Magengegend und Tiefbereich). Es wirkt so, als würde er sich wie ein Igel zusammenrollen oder sich der Embryonalstellung annähern. Er ordnet sich der anderen Person „unter" und macht sich klein.

Der „Aggressive Typ" möchte das Gefühl der Überlegenheit spüren und Macht ausüben. Dass das Gegenüber dem Täter unter-legen ist, zeigt „Mann" am deutlichsten, wenn das Gegenüber ohn(e)-mächtig „unter" ihm „liegt" und nicht mehr aufsteht. Aus diesem Grund sucht der Aggressive sich ein Opfer anstelle von einem Gegner, weil er sonst „unter-liegen" könnte. Das Beeindrucken des Gegners durch seine aggressiven Gesten hat sich seit Tausenden von Jahren nicht geändert. Ähnliche Gebärden kann man heute bei verschiedenen Tieren im Zoo, in den Wäldern oder in der Wüste genau so gut beobachten wie bei unseren Artgenossen in der Eckkneipe einer Kleinstadt. Der Schritt ist mehr als schulterbreit und die Arme sind nach unten zur Seite gestreckt, um der Öffentlichkeit zu zeigen, wie breit und mächtig man ist. Sehr gut bei „Möchte-gern-Bodyguards" vor einigen Diskotheken zu bewundern. Der Kopf ist angehoben und damit wird der Kehlkopf freigelegt. Die vertikale Mittellinie ist völlig ungeschützt, um dem Gegenüber die empfindlichen Körperpunkte zu präsentieren. Diese Haltung gab es schon bei den Revolverhelden des Wilden Westen: „Ich zeige dir meine Schwachstellen (Kehlkopf, Tiefbereich usw.) und habe meine Angriffswaffen unten (Arme). Trotzdem hast du keine Chance gegen mich!"

Der (sich) „Selbst-bewusste" kennt seine Fähigkeiten, aber auch seine Eigenarten. Er ist sich selbst bewusst. Er kennt seinen Stellenwert und weiß, wie viel Platz er einnehmen „darf". Er steht hüftbreit und seine Körperhaltung ist aufrecht und gerade, ohne „hoch-näsig" zu wirken. Er hat einen „festen Standpunkt" und besitzt „Rückrad". Die Wahrscheinlichkeit, dass dieser von einem Gewalttäter provoziert wird, ist gering. Er ist nicht so direkt einzuschätzen, wirkt aber so, als wolle er keinen Streit. Für den „aggressiven Typ" ist er weder als „Opfer" noch als „Feind" zu erkennen. Der „Aggressor" kann also weder seinen „Selbstwert" durch einen einfachen Kampf aufbauen noch muss er sein „markiertes" Gebiet verteidigen.

3.3.4 Distanz

Material:	kein
Gruppengröße:	ab 4 Personen
Vorbereitungszeit:	keine
Durchführungszeit:	10 bis 20 Minuten

Öffentliche Distanz	ab 3 m
Gesellschaftl. Distanz	bis 3 m
Persönliche Distanz	bis 1,5 m
Intimdistanz	bis 90 cm

Beschreibung:

Die Gruppe wird geteilt und eine Hälfte verlässt den Raum. Beide Teile werden instruiert, sich gleich über ein „nettes" Thema (z.B. Urlaub) zu unterhalten. Der Hälfte im Raum wird zusätzlich gesagt, dass sie auf ein Zeichen (z.B. Öffnen des Fensters) bei dem Gespräch zwei Schritte nach vorne gehen sollen. Danach wird in der Runde erläutert, was Distanzen mit Kommunikation zu tun hat.

Erläuterung:

Auch kann die Distanz zum Gegenüber etwas über Ihr momentanes Verhältnis aussagen. Wenn Sie jemanden sympathisch finden, und Sie sich näher kommen, so verringert sich auch Ihre Distanz (geistig und körperlich). Sie fühlen sich manchmal zu Leuten hingezogen, sind ihnen „zugeneigt" oder finden sie attraktiv. Attraktion heißt übersetzt Anziehung. Wir sind immer noch Rudellebewesen und ordnen uns oft anderen Personen unter, wenn diese mehr „Macht" ausstrahlen.

Die Intim-Distanz (auch Nahdistanz) vom Körperkontakt bis zu 90 cm ist die akzeptierte körperliche Distanz zwischen sehr eng befreundeten Menschen, Liebespaaren, Kindern und Eltern.

In der persönlichen Distanz (Gesprächsdistanz) um etwa 1m (0,9 bis 1,5 m) kann der andere nicht mit der Faust erreicht werden, aber die Gesprächspartner haben immer noch die Möglichkeit, sich die Hand zu geben. Es ist die typische Distanz von Cocktailparties.

Die gesellschaftliche Distanz, zwischen 1,5 und 3 m, gilt vor allem für offizielle gesellschaftliche oder geschäftliche Anlässe. Sie ist in gewisser Weise eine schützende Distanz und wird auch oft bei Streitigkeiten eingehalten.

In der öffentlichen Distanz (Seminar- oder Ansprachdistanz) von 3 bis 8 m befindet sich beispielsweise der Lehrer, der eine Schulklasse unterrichtet, der Vorgesetzte, der eine Ansprache an seine Mitarbeiter hält oder mit einer überschaubaren Gruppe im Betrieb spricht.

3.3.5 Rauschmittel

Material: kein
Gruppengröße: ab 3 Personen
Vorbereitungszeit: keine
Durchführungszeit: 10 bis 20 Minuten

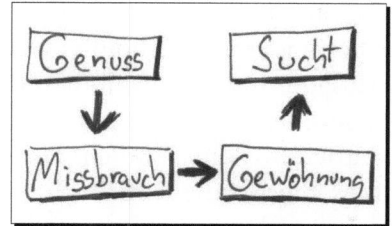

Beschreibung:

Es werden die vier Blätter mit „Genuss", „Missbrauch", „Gewöhnung" und „Abhängigkeit (Sucht)" ausgelegt. Danach werden Sachverhalte erzählt und die Teilnehmer sortieren es in den jeweiligen Bereich. Diskussionen sind erwünscht.

Erläuterung:

Rauschmittel ist eines der häufigsten Nebenthemen in der Gruppenarbeit mit Jugendlichen und jungen Erwachsenen. Unter Rauschmittel versteht man all jene Stoffe, die Menschen (oder auch Tiere) zu sich nehmen, um einen veränderten Bewusstseinszustand hervorzurufen. Diese sind geeignet, sie in einen Rausch zu versetzen. Eine Veränderung der Wahrnehmung kann das Ziel der Einnahme oder eine unerwünschte Nebenwirkung sein. Ich möchte nicht auf die vielen verschiedenen Rauschmittel wie z.B. **Amphetamin** *(A, Amph, Pepp, Speed, Schnelles, Peter, Feenstaub, Pulver)*, **Crack** *(Rock, Rocks, Roxanne, Steine)*, **Ecstasy** *(Adam, E, Emphaty, Eve, Love-Drug, Pillen, Teile, Teilchen, Rundes, XTC, Vitamin E, Happy Pills, Exocis, Cadillac, MDMA, Dinger, Tanzpillen, Reifen)*, **LSD** *(Acid, Blotter, Liquid, Micro, Paper, Pappe, Säure, Trip, Ticket, Fahrräder, Bilder)*, **Kokain** *(Coca, Coke, Cokie, Florida Snow, Heaven Dust, Stardust, JJ, Koks, Kolumbianischer Kaffee, Schnee, White Lady, Weißes Gold, Yuga, Real disco stuff, weißes Gold)* oder **Heroin** *(Shore, Caca, Caballo, Gift, H, Harry, Hero, Horse, Junk, Smack, Stoff, Teer, Braunes, Thai-H, China-White)* eingehen, sondern bleibe bei den drei „wichtigsten" Rauschmittel:

Alkohol

Viele Gewalttaten werden unter Alkoholeinfluss durchgeführt. „Mit viel Alk verliert man die Hemmschwelle, dann ist alles egal ..." (Zitat eines Jugendlichen) Viele Jugendlichen bestätigen, dass sie zu viel trinken und mit Alkohol aggressiver sind. Besonders unter Einfluss von härteren Alkoholgetränken, z.B. Korn, Whisky oder Wodka, bemerken Jugendliche (und auch Erwachsene) bei sich ein höheres Aggressionspotential. Mit Bier, ihrem „flüssigen Brot", können

Gewalttäter, nach eigenen Angaben, oft ohne Gewalttaten feiern.

Über andere Wahlmöglichkeiten haben sich z.B. Teilnehmer vor der gerichtlichen Auflage „Anti-Gewalt-Training" meist noch keine Gedanken gemacht. Davon abgesehen, hat Alkohol noch einige anderen Nebenwirkungen. In Deutschland starben im Jahr 2000 ca. 16.000 Menschen durch Alkoholmissbrauch, was ca. 2% aller Sterbefälle entsprach. Dabei waren Männer dreimal häufiger betroffen als Frauen. Die häufigste alkoholbedingte Todesursache war die alkoholische Leberzirrhose mit 9550 Toten. Die Zahlen der Weltgesundheitsorganisation belaufen sich für das Jahr 2004 auf 21.675 Tote, davon 8.381 Kinder im Alter zwischen 10-15 Jahren. Eine Krankheit, mit einer über 50-prozentigen hohen Todesrate, die insbesondere in Verbindung mit Alkohol und fettem Essen ausgelöst wird, ist die Bauchspeicheldrüsenentzündung (Pankreatitis).

Die Drogenbeauftragte der Bundesregierung Marion Caspers-Merk spricht für 2003 von 40.000 Todesfällen als Folge des Alkoholkonsums in Deutschland, wobei im Vergleich, 1477 Personen durch illegale Drogen verstorben sind. Schätzungsweise 25% aller Arbeitsunfälle werden durch Alkoholkonsum verursacht. 11% aller Erwerbstätigen trinken täglich oder fast täglich Alkohol am Arbeitsplatz. Etwa 4 bis 7% aller Berufstätigen sind alkoholabhängig. Ein Alkoholiker fehlt 40 bis 60% der Arbeitszeit. Er erbringt durchschnittlich 75% der Arbeitsleistung. Es wurde nachgewiesen, dass rund 4% der weltweiten Belastung durch Krankheiten auf Alkohol zurückzuführen sind.

Nach Angaben der Deutschen Hauptstelle für Suchtkranke betreiben ca. 7,8 Millionen Menschen (16%) im Alter von 18 bis 59 riskanten Alkoholkonsum. Bei ca. 2,4 Millionen (5%) spricht man von Alkoholmissbrauch, während 1,5 Millionen (3%) Menschen als alkoholabhängig zu bezeichnen sind. (1,4 Millionen Arzneimittelabhängige und 140.000 Abhängige von verbotenen Rauschmitteln). In Deutschland sind 2,65 Millionen Kinder und Jugendlichen von der Alkoholabhängigkeit wenigstens eines Elternteiles betroffen. Etwa 2200 Neugeborene pro Jahr (jedes 300. Kind) sind von einer Schädigung durch Alkoholmissbrauch (Alkoholembryopathie) betroffen. Die Weltgesundheitsorganisation nennt 40 Gramm Alkohol pro Tag für Männer als gesundheitsgefährdenden Grenzwert. Jeder deutsche Mann konsumiert statistisch gesehen täglich 42 Gramm.

Tabak

Die meisten Menschen fangen mit dem Rauchen an, weil sie zu einer Gruppe dazugehören möchten. Hier wird das Selbst-bewusst-sein des meist jungen

Menschen auf eine harte Probe gestellt. Doch oft ist der Wunsch nach Anerkennung recht groß und danach erfasst sie die Abhängigkeit. Trotz vieler erschreckender Fakten werden in Deutschland ca. 150 Milliarden Zigaretten pro Jahr geraucht. Fast ein Drittel der Bevölkerung (27%) steckt sich regelmäßig eine Zigarette an. Noch rauchen mehr Männer (ca. 32%) als Frauen (ca. 22%), Tendenz kippend. Die Tabakindustrie erzielt weltweit Gewinne in Milliardenhöhe. In Deutschland werden darüber hinaus jährlich mehr als 10,5 Milliarden Euro an Tabaksteuern eingenommen. Die Summe der Schäden (Frühinvalidität, Tod, Arbeitsunfähigkeitstage) beträgt 41,4 Milliarden Euro. Rauchen ist laut der Weltgesundheitsorganisation die häufigste Einzelursache für Erkrankungen und Todesfälle. Rauchen ist in der westlichen Welt die Todesursache Nummer 1 und ein wichtiger Faktor bei der Ausbildung von Herz-Kreislauferkrankungen und Tumoren. In Deutschland sterben jährlich etwa 30.000 Menschen an Lungenkrebs und ca. 70.000 Menschen an den Folgen von Herz-Kreislauferkrankungen, die durch Rauchen verursacht wurden. Das Herzinfarktrisiko von Rauchern ist ca. 10 bis 15mal höher als bei Nichtrauchern. Rauchen während der Schwangerschaft gefährdet das Ungeborene: Erhöhtes Risiko für Früh- und Fehlgeburten, vielfach erhöhtes Risiko des „Plötzlichen Kindstodes", erhöhtes Risiko für Krebserkrankungen des Kindes. Wird eine Raucherin schwanger, erhöht sich das Risiko einer Frühgeburt bei 10 Zigaretten pro Tag um 70%.

Hanf

Hanf hat einen immer größer werdenden Einfluss auf die Jugend und damit auf die zukünftigen Generationen. Cannabis ist der lateinische wissenschaftliche Name der Hanfpflanze und wird im Volksmund auch als Sammelbegriff für die aus Hanf hergestellten Rauschmittel, insbesondere Marihuana und Haschisch, verwendet. Der Wortstamm *Canna* kommt aus dem Indischen und bedeutet Hanf. Die berauschende Wirkung der Hanfpflanze erfolgt durch die darin enthaltenen Wirkstoffe Tetrahydrocannabinol (THC) und Cannabidiol (CBD). Die bekanntesten Verwendungsformen sind:
- Marihuana: die getrockneten, weiblichen Blütenstände (THC-Gehalt ca. 5 %)
- Haschisch: der gepresste Harz der Hanfpflanze (THC-Gehalt bis zu 20%)
- Haschischöl: das aus der Pflanze extrahierte Öl (THC-Gehalt bis zu 80%)
Zum gesetzlichen Rahmen ist zu sagen, dass Cannabis in Deutschland verboten ist und dass auch keine bestimmten Mengen erlaubt sind. Laut der deutschen Gesetze ist hier der Konsum von Cannabis oder anderen Betäubungsmitteln nicht strafbar, dagegen sind der Anbau, die Herstellung, das Verschaffen, der Erwerb, der Besitz,

die Ein-, Aus- und Durchfuhr, das Veräußern, das Abgeben, das Verschreiben, das Verabreichen und das Überlassen zum unmittelbaren Verbrauch gemäß Betäubungsmittelgesetz strafbar. Übrigens ist auch der Erwerb in den Niederlanden verboten, wird aber dort geduldet.

Wer Anlass zum Verdacht gibt, den Konsum von Cannabis und das Führen eines Fahrzeugs nicht strikt zu trennen, muss in Deutschland und Österreich mit der Entziehung der Fahrerlaubnis rechnen und zwar auch dann, wenn er nicht beeinträchtigt fährt. In einigen Fällen untersucht das Straßenverkehrsamt auch Urinproben von Personen, deren Cannabiskonsum nicht im Zusammenhang mit dem Straßenverkehr stand. Also kann es auch zum Führerscheinentzug kommen, wenn derjenige „kifft" und nicht fährt.

Hanf wird oft als „leichte Droge" verharmlost, auch wenn geschlossene Einrichtungen voll von Menschen mit Psychosen sind, die durch die Einnahme von Hanfprodukten hervorgerufen oder wenigstens begünstigt wurden. Intensiver Missbrauch kann zu einer so genannten Cannabispsychosen mit Größenwahn, Verfolgungswahn und Halluzinationen führen. Viele Experten sind sich einig darüber, dass Kinder und Jugendliche Cannabis meiden sollten. Insbesondere in dieser wichtigen Entwicklungsphase eines Menschen besteht die Gefahr, die Persönlichkeit durch Cannabiskonsum empfindlich zu verwirren. Es wurde bei Menschen, die vor einem Alter von 17 Jahren Cannabis konsumieren, ein verringertes Hirnvolumen sowie ein erhöhtes Verhältnis von weißer zu grauer Hirnmasse festgestellt. Eine weitere Studie ergab, dass die Großhirnrinde von Langzeitkonsumenten schlechter durchblutet wird.

Vertreter der Wissenschaft führen an, dass der regelmäßige Gebrauch zu Antriebslosigkeit und Interessenverlust, sowie zu einem Stillstand der Persönlichkeitsentwicklung führen kann (Motivationsverlust-Syndrom). Sowohl Männer als auch Frauen, die im Jugendalter begannen zu „kiffen", hatten eine kleinere Körpergröße und ein geringeres Gewicht, wobei diese Effekte bei Männern stärker nachzuweisen waren. „Leider" sind viele der negativen Folgen erst später ersichtlich und es gibt immer wieder Mythen von Personen, die seit Jahrzehnten „durchkiffen" ohne negative Folgen. Ich bin solchen Leuten bisher noch nicht begegnet.

Die Hanfprodukte sollen heute im Durchschnitt 30 x stärker wirken als vor 30 Jahren. In Deutschland hatten 2004 unter den 12 - 25-jährigen 31% Erfahrungen mit Cannabis (35% der männlichen und 2 % der weiblichen Befragten). Bezogen auf einen Konsum in den letzten 12 Monaten sind 13% (17% der Männer, 10% der Frauen) aktuelle Konsumenten (BZ für gesundheitliche Aufklärung).

3.3.6 Opfersicht

Material: kein
Gruppengröße: ab 3 Personen
Vorbereitungszeit: keine
Durchführungszeit: 10 bis 20 Minuten

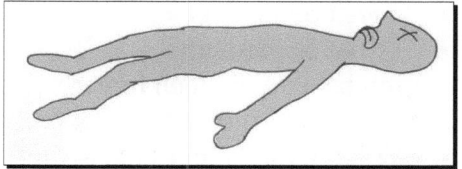

Beschreibung:
Zu diesem Punkt können Gewaltopfer, Polizisten, Mitglieder des „Weißen Rings"
(Europäische Hilfsorganisation für Kriminalitätsopfer und ihre Familien – 1967
gegründet vom Freimaurer „Aktenzeichen XY... ungelöst" Eduard Zimmermann)
oder Ärzte eingeladen werden. Es existieren Filme und Tonaufzeichnungen, die
über die Ängste, Schmerzen, Verletzungen und Behinderungen von Gewaltopfern
berichten. Besonders Täter sollen versuchen, sich in Opfer einzufühlen. Die Täter
können an ihre Opfer Entschuldigungsbriefe schreiben. Sie setzen sich mit ihren
Taten und den Folgen auseinander und entschuldigen sich dieses Verhalten,
welches nicht zu entschuldigen ist.

Erläuterungen:
Bei dem Gewalttäter soll das Einfühlungsvermögen gegenüber dem Opfer
entwickelt werden. Er soll Mitgefühl ausbilden anstele von Verharmlosung, Hass
und Härte. Die geweckte Betroffenheit über mögliche und reale Opferfolgen,
entmutigen den vorherigen Täter wieder gewalttätig zu werden. Mit den Worten
eines Totschlägers gesprochen: „Seitdem ich über meine Opfer ernsthaft
nachdenke, habe ich Hemmungen zuzuschlagen."

Neutralisierungstechniken
Die Ablehnung der Verantwortung für die Folgen des eigenen Handelns wird
durch die Techniken der Neutralisierung umgesetzt. Die amerikanischen
Soziologen Gresham Sykes und David Matza sprechen von
Neutralisierungstechniken, um Schuldgefühle zu vermeiden. Gewalttäter lieben
Rechtfertigungsstrategien, die ihr Verhalten ins positive Licht rücken. Es
existieren die unterschiedlichsten Strategien zur Vermeidung von Schuldgefühlen,
z. B.:
- Der Alkohol war schuld.
- Der andere hat angefangen.
- Alle andern prügeln sich auch.

- Jemand anders hat vorher mich verprügelt.
- Die anderen haben mehr zugeschlagen.
- Er hat es verdient.
- Ich habe mich doch hinterher mit ihm vertragen.
- Ich musste meine Ehre retten.
- Er hat meine Familie beleidigt (auch bei Fußballern beliebt, siehe Z. Zidane)
- Der andere ist kein Mensch.

Friedhelm Neidhardts Rechtfertigungsempfehlung: „Definiere den Gewaltbegriff einerseits so weit, dass das Verhalten deines Gegners als Gewalt erscheint, andererseits so eng, dass eigenes Verhalten als gewaltlos erscheint." Bei Anti-Gewalt-Trainings müssen die Teilnehmer ihre Tat in jeder Einzelheit wiedergeben. Es soll eine Auseinandersetzung mit der real begangenen Tat geschehen. Dabei werden die vorgeschobenen Rechtfertigungsstrategien analysiert, so dass der Gewalttäter seine Legende vom starken Mann, der zehn Menschen in Notwehr unter Alkoholeinfluss verprügelt hat, nicht aufrechterhalten kann. Die Konfrontation mit den Neutralisierungstechniken und die Einmassierung des Realitätsprinzip (realer Ablauf der Tat und die Folgen für das Opfer) sollen Schuld- und Schamgefühle beim Täter wecken.

Der Gewalttäter soll die Verantwortung für seine Taten übernehmen. Nicht das Opfer, der Alkohol, die Umwelt, die Eltern, die Lehrer oder die Freunde sind für seine Körperverletzung verantwortlich. Er selbst hat zugeschlagen, zugetreten, zugestochen oder die Brandsätze geworfen. In den Konfrontationen soll der Teilnehmer einsehen, dass es keine Entschuldigungen für sein gewalttätiges Verhalten gibt. „Niemand hat das Recht, den andern zu beleidigen, auszugrenzen oder zu verletzen. Geschieht dies dennoch, erfolgt Konfrontation." (J. Weidner)

Es soll zu einer Veränderung des Selbst- und Fremdbildes des Gewalttäters kommen. Er ist nicht der souveräne Kämpfer, der alle Situationen im Griff hat. Der Gewalttäter schlägt nur, wenn er nicht mehr weiter weiß und er die Situation nicht anders meistern kann.

3.3.7 Gang des Rechts

Material:	kein
Gruppengröße:	ab 3 Personen
Vorbereitungszeit:	keine
Durchführungszeit:	10 bis 20 Minuten

Beschreibung:
Diskutiert in der Gruppe: Was gibt es für Strafen? Was ist sinnvoll? Wann ist es wirklich Notwehr? Wann ist es Rache?

Erläuterung:
Nach unserer Rechtsprechung (im Englischen bedeutet „justice" gleichzeitig Gerechtigkeit und Justiz) ist Gewalt körperlich wirkender Zwang, durch die Entfaltung von Kraft oder durch sonstige körperliche Einwirkung, die nach ihrer Stärke dazu geeignet ist, die freie Willensentschließung oder Willensbetätigung eines anderen zu beeinträchtigen (BGH NJW 1995, 2643), z.B. durch Niederschlagen. Im Strafrecht wird die Anwendung von Gewalt geahndet, z.B. bei Körperverletzungsdelikten. Gesetzlich sind Körperverletzungsdelikte Vergehen (Mindeststrafandrohung unter 1 Jahr) und Verbrechen (Mindeststrafandrohung wenigstens 1 Jahr), die unter die § 223 (Körperverletzung) und folgende Strafgesetzbuch (StGB) fallen. Diese Straftat muss von einem Menschen an einem anderen Menschen begangen werden. Weiter muss es sich um eine körperliche Misshandlung oder eine Gesundheitsbeschädigung handeln. Körperliche Misshandlung ist eine „üble unangemessene Behandlung, durch die das körperliche Wohlbefinden oder die körperliche Unversehrtheit [...] beeinträchtigt wird." Eine Gesundheitsbeschädigung ist „das Hervorrufen oder Steigern eines [...] krankhaften Zustandes."

Körperverletzungsdelikte (§223 StGB Körperverletzung (KV); § 224 gefährliche KV; § 225 schwere KV; § 226 KV mit Todesfolge) sind die häufigste Form der Gewaltstraftaten bei den Teilnehmern der gerichtlichen Auflage des Anti-Gewalt-Trainings. Die gefährliche Körperverletzung bewertet die Tatausübung (hinterhältig, gemeinsam, mit Waffen oder gefährlichen Werkzeugen) und die schwere Körperverletzung die Folgen (Siechtum, Erblinden usw.). Weitere Delikte der Gewalt sind Straftaten gegen das Leben (§ 211 StGB Mord; § 212 Totschlag; § 213 Minderschwerer Fall des Totschlags) und Raubdelikte (§ 250 StGB schwerer Raub; § 251 Raub mit Todesfolge).
Die oft benutzte Ausrede der Notwehr (§ 32 StGB) kommt in Gerichtsverfahren nicht so häufig zur Anwendung. Es muss hier ein verbotener Angriff unmittelbar bevorstehen, bereits begonnen haben oder noch fortdauern. Wenn dieser vorbei ist (z.B. der andere schlägt nicht mehr), ist es keine Notwehr.

In Deutschland gibt es je nach Alter verschiedene Alternativen:

<u>0 - 13 Jahre:</u> Kinder haben keine strafrechtliche Verantwortung (§ 19 Strafgesetzbuch) und damit gibt es kein Strafverfahren. Von vielen Menschen diskutiert, finden wir eine Herabsetzung der strafrechtlichen Verantwortung nicht notwendig. Wenn Zwölfjährige „klauen wie die Raben", „fluchen wie die Kesselflicker" und sich durch das Leben „schlagen", sind strafrechtliche Schritte gegen das Kind bestimmt nicht die richtige Lösung. Hier müssen andere Maßnahmen getroffen werden.

<u>14 - 17 Jahre:</u> Der Jugendliche ist bedingt strafmündig. Die Jugendgerichtshilfe (Aufgaben und Pflichten im § 38 Jugendgerichtsgesetz) prüft frühzeitig gem. § 52 Kinderjugendhilfegesetz (KSGB VIII) ob nicht Jugendhilfe (Familienarbeit, Heimunterbringung usw.) noch etwas tun kann. Außerdem wird gem. § 3 Jugendgerichtsgesetz (JGG) beurteilt, ob der Beschuldigte die geistige und sittliche Reife besitzt, das Unrecht seiner Tat einzusehen. Wird dies bejaht, kann dieser verurteilt werden. Dann wird die pädagogisch passende Maßnahme von der Jugendgerichtshilfe (erzieherische, soziale und fürsorgerische Gesichtspunkte) vorgeschlagen, die Staatsanwaltschaft und eventuell der Anwalt beantragen ihren Vorschlag und das Gericht (Jugendeinzelrichter, Jugendschöffengericht oder Kammer – je nach Schwere der Tat) entscheidet per Urteil oder Einstellung. Das JGG sieht hier viele verschiedene erzieherische Maßnahmen vor, bis es zur Jugend-strafe (sechs Monate bis zehn Jahre Haft) kommt. Zur Jugendstrafe müssen entweder „schädliche Neigungen" (viele Straftaten und andere Maßnahmen reichen nicht mehr) oder „Schwere der Schuld" festgestellt worden sein. Zu den erzieherischen Maßnahmen gehören Verfahren ohne unangenehme Gerichtsverhandlung (Diversionsverfahren), Arbeitsstunden, Gruppenangebote (u.a. Anti-Gewalt-Training), Täter-Opfer-Ausgleich (Gespräche und individuelle Leistungen), Betreuung durch eine pädagogische Kraft (Betreuungsweisung), Erlebnispädagogische Maßnahmen aber auch Zuchtmittel wie Freizeit- (bis zu zwei Wochenenden) und Dauerarreste (bis zu vier Wochen). Es ist noch zu erwähnen, dass der Jugendliche erst bei Verbüßung einer Jugend-strafe (Haftantritt) einen Eintrag ins polizeiliche Führungszeugnis (wird beim Einwohnermeldeamt beantragt) bekommt und dann auch erst als „vorbestraft" gilt (ansonsten ist er nur „vorbelastet" und hat einen Eintrag im Erziehungsregister, dessen Inhalt der Arbeitgeber nicht erfährt). Bis zu zwei Jahren Jugend-strafe kann der Verurteilte zur Bewährung (bis zu drei Jahre Bewährungszeit) bekommen, d.h. er muss die Haft nicht antreten, sondern soll mit Unterstützung eines Bewährungshelfers ein „ordentliches" und straffreies Leben führen.

<u>18 - 20 Jahre:</u> Der Heranwachsende kann einem Jugendlichen oder einem Erwachsenen gleichgestellt werden. Die Jugendgerichtshilfe hat gem. § 105 JGG die Aufgabe zu schauen, ob der Beschuldigte vielleicht einem Jugendlichen gleichzustellen ist oder ob es sich um eine jugendtypische Tat handelt. Je nach Ergebnis kommt das JGG oder das allgemeine (Erwachsenen-) Strafrecht nach dem Strafgesetzbuch zur Anwendung. In dieser Altersklasse wird heutzutage mit Abstand am meisten das JGG angewendet.

<u>21 -... Jahre:</u> Beim Erwachsenen findet immer das Strafgesetzbuch (StGB) Anwendung. Hier kann sich kein 21-jähriger auf das Jugendstrafrecht berufen, egal wie viele Reifeverzögerungen dieser hat. Hier gibt es Geld- oder Haftstrafen. Die Tagessätze richten sich nach dem Einkommen des Verurteilten und können abgezahlt oder „abgesessen" werden. Die Anzahl der Tagessätze hängt von der Schwere der Tat ab. Das StGB ist wie ein Katalog aufgebaut (Diese Strafe = dieser „Preis"), mit verschiedenen Rabatten (z.B. bei Tateingestehung) und Aufschläge (z.B. bei Wiederholungstätern). Ab 90 Tagessätzen ist der Verurteilte vorbestraft und erhält einen Eintrag ins polizeiliche Führungszeugnis.

3.3.8 Biologie der Gewalt

Material: kein
Gruppengröße: ab 6 Personen
Vorbereitungszeit: keine
Durchführungszeit: 10 bis 20 Minuten

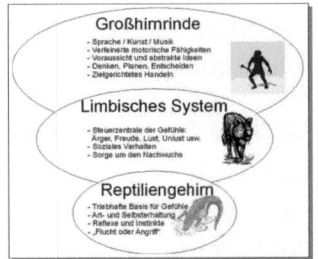

Beschreibung:
Die Gruppe soll sich eng im Kreis zusammensetzen und die Augen schließen. Dann wird Ihnen gesagt, dass gleich eine Person einen Vortrag über ein politisches Thema halten soll. Dieser wird gleich angetippt und der Leiter „schleicht" um die Gruppe. Dann werden die Augen wieder geöffnet. Es wurde niemand angetippt. Danach wird in der Runde besprochen, wie sich Stress anfühlt und welchen Sinn Stress hat. Danach wird überlegt, wie man Stress entgegenwirken kann.

Erläuterungen:
In Stresssituationen kommt das „Tier" in uns hoch und wir entdecken bestimmte Instinkte wieder. Der Begriff kommt ehemals aus der Werkstoffkunde (Zug oder Druck auf ein Material).

Vereinfacht beschrieben, pumpt der menschliche Körper in Gefahrensituationen (Stress) das Blut aus den Gedärmen in die Muskeln. Er wird durch Hormone schneller und schmerzunempfindlicher. Dieser kann dadurch besser angreifen oder fliehen (fight or flight). Leider ist das Gehirn auch nicht mehr so toll durchblutet und der Mensch ist hauptsächlich zu diesen beiden Möglichkeiten fähig. Aus dem Tunnel-blick heraus zu kommen, die Angelegenheit wieder zu über-blicken, klar zu denken und die richtige Lösung zu finden erfordert Übung, Kraft und Willen. Aber im Gegensatz zu Tieren ist es uns Menschen möglich. Um in einer Stressituation handlungsfähig zu bleiben und sich vor den dauerhaft schädlichen Wirkungen der nicht ausgelebten Fight- or Flight-Reaktionen zu bewahren, braucht der Mensch Alternativen, welche helfen, die ausgeschütteten Hormone zu kanalisieren und die psychische Belastung gering zu halten.

Es empfiehlt sich, die Stressbewältigung durch einen so genannten Stop-Satz einzuleiten. Dies ist ein individueller, positiver Satz, der dann zum Einsatz kommt, wenn man merkt, dass sich Stress aufbaut. Barack Obama ist mit so einem Spruch Präsident (Yes we can) geworden. Diesen hat er übrigens vom Serienheld „Bob der Baumeister" geklaut.

Der Stop-Satz sollte kurz, prägnant und vor allem positiv formuliert sein, etwa „Ganz ruhig!", „Alles wird gut!" oder „Jetzt packe ich es an!".

3.3.9 Tauben und Falken

Material:	kein
Gruppengröße:	ab 6 Personen
Vorbereitungszeit:	keine
Durchführungszeit:	20 bis 25 Minuten

Beschreibung:
Die Gruppe wird geteilt. Die einen sind die „friedlichen Tauben" und die anderen sind die „gewalttätigen Falken". Beide Gruppen suchen innerhalb von 15 Minuten Argumente für den Frieden beziehungsweise für Gewalt. Dabei darf auch übertrieben werden. Beide Gruppen wählen einen Sprecher. Dann setzen sich beide Sprecher gegenüber. Die Gruppen sitzen jeweils hinter dem Sprecher. Danach wird diskutiert. Was ist sinnvoller: Frieden oder Gewalt.

Wenn die Diskussion zum Erliegen kommt, wechseln die Sprecher oder die gesamte Gruppe ihren Standpunkt.

4 Gruppenphase Differenzierung

„Man kann in der Wahl seiner Eltern nicht vorsichtig genug sein.“
(Paul Watzlawick)

Vierte Phase
Zusammenarbeit – Durchführungsphase (Performing)
Differenzierungsphase

In der **vierten Phase (Differenzierung)** beginnt die Gruppe arbeitsfähig zu werden und entfaltet ihre volle Produktivität. Die Gruppenmitglieder beginnen, die Unterschiedlichkeiten der einzelnen Gruppenmitglieder und auch die Notwendigkeit von Unterschieden zu akzeptieren. Zentral in dieser Phase sind die Themen Eigenständigkeit (Autonomie) und wechselseitige Abhängigkeit (Interdependenz). Es geht um die Frage: wie viel Eigenständigkeit kann ich bewahren und wieweit will ich mich auf gemeinsame Regeln und Verständigungsformen einlassen? Jeder einzelne Teilnehmer kann sich als eigenständige Person in die Gruppe einbringen, ist sich aber über die Notwendigkeit des gemeinsamen Austausches und der Zusammenarbeit mit anderen im Klaren.

Merkmale
Die Gruppe läuft in sich nun sehr gut, der Einzelne, immer noch stark in der Gruppe verankert, tritt mit seiner Persönlichkeit nun jedoch wieder stärker in den Vordergrund, was vom Rest der Gruppe auch akzeptiert werden kann. Konflikte werden im Idealfall innerhalb der Gruppe selbstständig gelöst. Gruppenregeln werden inzwischen selbstverständlich eingehalten.

Handlungsmöglichkeiten
Die Gruppenleitung kann sich nun verstärkt in Zurückhaltung üben und der Gruppe mehr Eigenverantwortung übertragen. Projektarbeit und mehr Mitbestimmung sind hier wichtige Stichworte. Das Programm sollte auch verstärkt die Möglichkeit bieten, die Fähigkeiten und Interessen des einzelnen Gruppenmitglieds zur Geltung zu bringen. Vielfältige Entfaltungsmöglichkeiten sind gefragt.

4.1   Die eigene Person

„Ausgerechnet der Mensch ist unmenschlich." (Thomas Bernhard)

Bei den **Stärken und Schwächen** des Teilnehmers beschreibt dieser sich selbst. Er erläutert, wie er sich sieht (Selbstbild) und wie er gerne wäre (Idealselbst). Die anderen Teilnehmer und die Trainer beschreiben, wie sie die Person sehen (Fremdbild). Meist decken sich diese drei Ansichten nicht miteinander; und der Teilnehmer erkennt diesen Widerspruch. Zur Veranschaulichung wird hier ein jugendlicher Gewalttäter genommen, um den Unterschied zwischen Selbstbild, Idealselbst und Fremdbild zu erläutern.

Idealselbst des Täters

Das Ideal des Teilnehmers ist hart, unbeugsam, „cool" und gnadenlos. Die Gewalttäter zeigen sich gerne als harte Kämpfer, unbeugsame Rächer oder „coole" Superhelden. Sie sind die Menschen, vor „denen die Leute Respekt haben und auf die die Frauen fliegen." Vorbilder gibt es genug, besonders in den Massenmedien. Superman, Batman, Bruce Lee, Zorro, Rambo, James Bond und sogar Mickey Maus oder Asterix lösen ihre Probleme mit Gewalt. Sie meistern alle Schwierigkeiten, egal wie groß diese im ersten Moment erscheinen. Dies ist ein Bild, welches besonders Jugendlichen gerne von sich hätten. In diesem Sinne versuchen sich die Gewalttäter als „negative Elite" zu beschreiben.

Selbstbild des Täters

Das reale Selbst ist dagegen leicht kränkbar, wenig selbstbewusst und oft als Versager „abgestempelt".

Wenn der Teilnehmer seine Schwächen aufzählen soll, ergeben sich meist folgende Punkte:

- Er trinkt zu viel Alkohol.
- Er kifft oft.
- Er wird leicht aggressiv.
- Er hat Probleme mit den Eltern.
- Er lässt sich stark von seiner Gruppe beeinflussen.
- Er kommt schlecht in der Schule und in der Berufswelt zurecht.
- Er hat Schwierigkeiten in seinen gegengeschlechtlichen Beziehungen.

Ihre Stärken können die jungen Gewalttäter in den wenigsten Fällen aufzählen. Oft wird erwähnt, dass sich die Freunde auf ihn verlassen können. Während der Befragungen sind die Jugendlichen meist nicht souverän, sondern wippen mit den Füssen, spielen mit ihren Hände, schauen den Fragesteller nicht ins Gesicht oder verstecken sich hinter ihrem Rollkragen und ihren Mützen. Sie sind leicht zu verunsichern und geben auch zu, dass sie teilweise am liebsten zuschlagen würden. Hier zeigt sich, dass die Jugendlichen wenig Selbstbewusstsein haben und weit von ihrem Idealselbst entfernt sind.

Fremdbild des Täters

Durch Rückmeldung der Teilnehmer und der Trainer bekommt der Jugendliche ein Bild von sich, wie die anderen ihn sehen. Aggressive Jungen leben mit der Alltagslüge der unermesslichen Beliebtheit bei ihren Mitschülern. Oft halten sich die Gewalttäter für beliebt, trotz oder vielleicht auch gerade wegen ihrer Gewalttätigkeit. Auf die Idee, dass sie von anderen meist nur aus Angst vor gewalttätigen Handlungen positive Rückmeldung erhalten, kommen die meisten nicht.

Dies ist im Training anders. Hier wird auf der vorher erstellten Vertrauensbasis eine ehrliche Rückmeldung gegeben, welche dem Jugendlichen weiterhelfen soll. Ein Körperverletzer im Training verstand nicht, warum er immer in Schwierigkeiten geriet. Seiner Meinung nach geht er völlig normal, wie alle anderen Jugendlichen auch, durch die Stadt. Trotzdem kam es öfters vor, dass er provoziert wurde und es zu Schlägereien kam. Er stand, saß und ging immer sehr platzausfüllend, d.h. er hatte die Beine und die Arme meist sehr breit auseinander. Bei den Befragungen wurde er sehr schnell nervös. Sein Körper wurde sehr unruhig. Er spielte mit seinen Händen und wippte mit seinen Füssen.

In den Rückmeldungen kam heraus, dass die meisten ihn für eine Person hielten, die „breitbeinig" durch die Gegend läuft, obwohl ihm dazu das Selbstbewusstsein fehlt. Andere Gewalttäter sahen ihn als „Schwächling, der sich aufplustert" und damit provoziert.

Umgehensweise mit den Widersprüchen

Die Rückmeldungen, vor allem aber die Zusammenarbeit in der Gruppe, bewirken, dass sich Fremdbild und Selbstbild stärker angleichen. Dem jungen Menschen ist meist nicht bewusst, wie er auf andere Personen wirkt. Bei Gewalttätern haben meist die Gruppenmitglieder Angst vor seiner Gewalttätigkeit und geben deshalb keine ehrliche Rückmeldung. Teilweise geschieht es zum ersten Mal während des Trainings, dass der Jugendliche erfährt, was Leute von ihm halten könnten, wenn sie ihn und sein Verhalten beobachten.

Die Vermutung der Täter, dass Gewalt „unangreifbar" macht, soll widerlegt werden. Die Körperverletzer sind nicht die „coolen" Kämpfer, welche die Situation beherrschen. Sie sind die Personen, die nicht mehr weiterwissen und zum Spielball der Situation werden. Dies sollen die Teilnehmer erkennen:

- Friedfertigkeit ist <u>nicht</u> Schwäche und Feigheit
- Aggressivität ist <u>nicht</u> Überlegenheit und Respekt
- Friedfertigkeit ist Souveränität

Außerdem wird dem Teilnehmer durch Reflexion und Rückmeldung bewusst, dass er Stärken besitzt und diese für sein zukünftiges Leben einsetzen kann. Wenn Menschen sich ihrer eigenen Stärken bewusst werden und Selbstvertrauen erlangen, sind sie auch in der Lage, andere zu respektieren. Der Teilnehmer soll lernen, seine Schwächen zu akzeptieren und mit ihnen umzugehen. Dazu muss er auch Kritik ertragen können, was den meisten Gewalttätern schwer fällt.

4.1.1 Die Gewalttaten

Material:	kein
Gruppengröße:	ab 2 Personen
Vorbereitungszeit:	keine
Durchführungszeit:	15 bis 60 Minuten

Beschreibung:
Beim Auslöser der Gewalt gehe ich davon aus, dass Gewalt keine unberechenbare, explosive, spontane Reaktion ist, sondern durch Reize aus der Umgebung reguliert wird. Nur selten verhalten sich Menschen blind und wahllos aggressiv. Der Teilnehmer soll durch Gespräche seine Gewalttaten untersuchen. Dazu soll der Teilnehmer den Tathergang ganz genau beschreiben. Er fängt mit dem Beginn des Tages an und geht weiter bis zu seiner Tatausübung. Dabei soll der Teilnehmer zu jedem Zeitpunkt seine Gefühle schildern. Während dieses Berichtes werden u.a. folgende Fragen gestellt:

- War in dieser Situation Gewalt „notwendig"?
- Wann ist Gewalt „notwendig"?
- Hatte ich vorher einen schlechten Tag?
- Hätte ich an einem anderen Tag auch zugeschlagen?

- Hätte ich die Gewalttat verhindern können?
- War die Situation für mich schwierig?
- Was sind für mich schwierige Situationen?
- Wann werde ich aggressiv?
- Wann schlage ich zu?
- Was hat das für Folgen / Auswirkungen?

Nach dieser Befragung wird eine „Aggressivitätshierarchie" des Teilnehmers aufgestellt. In welchen Situationen ist er erregt, angespannt, sauer, wütend oder aggressiv? Ziel dieses Punktes ist es, dass der Täter merkt, wann er „zuschlägt". Die „zwingende Notwendigkeit" von Gewalt wird in Frage gestellt, und er soll frühzeitig erkennen, wann sich eine mögliche Gewalttat entwickeln könnte. Dies ermöglicht dem Teilnehmer im Ernstfall den rechtzeitigen Rückzug oder die Schlichtung als Handlungsalternative.

4.1.2 Vor- und Nachteile

Material: Papier/Stifte oder Tafel/Kreide
Gruppengröße: ab 2 Personen
Vorbereitungszeit: keine
Durchführungszeit: 20 bis 35 Minuten

Beschreibung:
Bei Gesprächen in der Runde zählen die Gewalttäter Vor- und Nachteile ihrer Gewalttat auf. Hierbei wird eine „Kosten-Nutzen-Analyse" durchgeführt.
Gewalt hat auf jeden Fall für den Täter einen Nutzen, sonst würde er diese Tat nicht ausführen. Dem Teilnehmer werden die Vorteile dargelegt. Dabei zeigt sich, dass sie glauben durch Gewalt „cool" und unantastbar zu sein. Diese Vermutung wurde bereits widerlegt. Außerdem kann die Ausübung von Gewalt Spaß machen und das Selbstbewusstsein „auftanken".
Dem Täter werden nun noch einmal die ganzen Nachteile seiner Tat aufgezeigt:
- Zeitlicher Aspekt (Arbeitsstunden, Anti-Gewalt-Training, Zeit während der Verhandlungen und beim Anwalt, Gefängnisstrafe)
- Finanzieller Aspekt (Geldstrafe, Anwaltskosten, Gerichtskosten, Schmerzensgeld, Arztkosten, Krankenhauskosten)
- Emotionaler Aspekt (Trauer und Enttäuschung der Eltern und der Familie, Gerede der Nachbarn, Freundin während der Gefängniszeit)

- Aspekt der Zukunft (Aussichten auf Schul- und Ausbildungsabschluss, Berufsaussichten mit Vorstrafen, Glaubwürdigkeit beim nächsten Gerichtstermin)

Am Schluss dieser Trainingseinheit soll sich der Teilnehmer noch einmal bewusst gemacht haben, wie viele Nachteile er durch diese Tat zu spüren bekommt.

4.1.3 Rollstuhl fahren

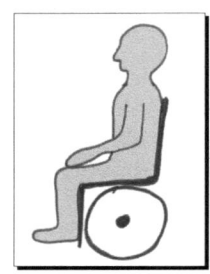

Material: Rollstühle
Gruppengröße: ab 2 Personen
Vorbereitungszeit: ?
Durchführungszeit: 60 bis 240 Minuten

Beschreibung:

Jeweils zwei Teilnehmer finden sich zusammen und bekommen einen Rollstuhl. Innerhalb eines Gebäudes versuchen die Teilnehmer nun, zusammen mit einem Partner, verschiedene Hindernisse wie Türen und Treppen zu überwinden. Nachdem beide Partner diese Übung durchgeführt haben, soll der Rollstuhlfahrer in Begleitung seines Partners nun eine Aufgabe erfüllen. Diese Aufgabe könnte sein:

- Versuche nach einer Einkaufsliste im Stadtteil einzukaufen.
- Fahre mit öffentlichen Verkehrsmitteln an einen bestimmten Ort.
- Leih dir ein Buch in der Bücherei aus.
- Suche eine Telefonzelle im Stadtteil und rufe im Haus an.

Wichtige Regel ist hierbei, dass die Teilnehmer auf keinen Fall aus dem Rollstuhl aufstehen. Wenn die Partner ihre Rollen wechseln, sollten sie das unbedingt an einem unbeobachteten Ort tun.

4.1.4 Abseilen

Material: Klettermaterial
Gruppengröße: ab 2 Personen
Vorbereitungszeit: ca. 30 Minuten
Durchführungszeit: 20 bis 60 Minuten

Beschreibung:

Eine Abseilstation kann an unterschiedlichen Orten in einer Stadt aufgebaut werden. Man kann sich von Hochhäusern, Brücken, Kirchtürmen oder auch an

Kletterwänden abseilen. Wichtige Voraussetzungen sind hierbei, neben der nötigen Fachkompetenz des Anleiters, stabile Befestigungspunkte für die Seile und eine Genehmigung vom Eigentümer des Gebäudes. Wenn die Abseilstation eingerichtet ist gibt es zwei Möglichkeiten: Teilnehmer, die noch keine Erfahrung mit Klettermaterial haben, können von einer fachkundigen Person abgelassen werden. Teilnehmer, die bereits erste Übungen mit Klettermaterial durchgeführt haben, können sich selbstständig mit einem Abseilachter abseilen. Sie werden dabei aber trotzdem vom Anleiter oder einem anderen Teilnehmer zusätzlich abgesichert. Das Abseilen stellt für die meisten Teilnehmer eine der größten psychischen Herausforderungen im Abenteuerbereich dar.

ACHTUNG:

Zur Sicherheit ist hier eine Person mit speziellen Kenntnissen erforderlich!!!

4.1.5   Konfrontation

Material: kein
Gruppengröße: ab 2 Personen
Vorbereitungszeit: keine
Durchführungszeit: 30 bis 120 Minuten

Beschreibung:
Konfrontation (confrontatio lateinisch: Gegenüberstellung) ist eine Gegenüberstellung von sich gegenseitig störenden und vorerst unvereinbaren Positionen. Sie eröffnet einen Konflikt und richtet sich gegen einen Kontrahenten mit dem Ziel, diesen zur Aufgabe oder zur Annäherung seiner Position zu bewegen.
Aggressive Menschen, die sich in ihr Opfer einfühlen können, die sich in ihrem geschlechtsspezifischen „Macho-tum" in Frage stellen und nicht auch noch stolz sind auf ihre Gewalttaten, brauchen keinen „heißen Stuhl".

Der „heiße Stuhl" ist ein feststehender Begriff in der sozialpädagogisch-psychologischen Praxis. Der Ursprung des „heißen Stuhls" liegt in dem 1915 entwickelten „leeren Stuhl" von dem Psychiater Moreno. Der Klient stellt im Rollenspiel einen Konflikt dar, indem er den nicht anwesenden Konfliktgegner in seiner Fantasie auf den „leeren Stuhl" setzt. Mit Unterstützung des Therapeuten soll der Klient nun einen Dialog mit dem vermeintlichen Gegenüber führen. Der Gestalttherapeut Fritz Perls entwickelte diese Methode zum „hot seat" weiter. Auf

105

diesem sitzt die Person, die an ihrer Psyche arbeiten möchte. Ziel der Gruppensitzung ist es, alle Gedanken auf die „hot seat"-Person zu richten, um ihr optimale Hilfestellung zu geben.

Mittlerweile wird der „heiße Stuhl" in Deutschland häufig bei Gewalttätern eingesetzt und ist ein wichtiger Bestandteil des Anti-Aggressivitäts-Trainings (AAT®) von Jens Weidner. Leider richtet sich das Hauptaugenmerk der öffentlichen Berichterstattung auf diese Trainingseinheit, so dass die anderen Eckpfeiler in den Hintergrund treten.

Bei dem „heißen Stuhl" gruppieren sich die Trainer, die Jugendlichen und die Tutoren in einer räumlich engen Gegebenheit um den Täter und bedrängen ihn mit ihrer physischen und psychischen Nähe. Durch die ehrliche Auseinandersetzung mit seiner Tat und seinem bisherigen Leben soll der Täter die Sinnlosigkeit seiner Gewalttaten bemerken. Der Gebrauch von Neutralisierungstechniken oder Lügen seitens der Jugendlichen wird dabei stark konfrontiert.

Die anderen Teilnehmer sind in diesem Zusammenhang sehr wichtig. Die Auseinandersetzung mit den „erwachsenen" Anleitern, „die nicht wissen, was auf der Strasse los ist", ist der Jugendliche teilweise schon gewohnt. Durch die Konfrontation mit anderen Gewalttätern erhofft sich der Trainer einen viel größeren Erfolg, da Menschen von „ihresgleichen" mehr annehmen. Zusätzlich konfrontiert sich jeder Gewalttäter mit sich selbst, da seine Geschichte und seine Tat denen der anderen meist ähneln. Bei dem „heißen Stuhl" kann es zum Fußwippen, zum Stottern, zu Wutausbrüchen oder auch zu Weinkrämpfen des Täters kommen. Oft ist die Person auf dem Stuhl in der Mitte mit dieser Situation überlastet und es ist sehr bedeutend, dass der Jugendliche durch einfühlendes Verstehen aufgefangen und mit seinen Problemen nicht alleine gelassen wird. Besonders wichtig für diese Einheit ist das Vertrauen der Jugendlichen gegenüber den Trainern. „Aber in manchen Situationen, da gibt es einfach nichts mehr zu reden." Dieses Zitat eines Jugendlichen gilt es in Frage zu stellen. Es ist die Aufgabe der Trainingsgruppe, Wege aufzuzeigen, Konflikte ohne Gewalt, ohne Sieger und Besiegte zu bearbeiten. Es gehört zu den pädagogischen Aufgaben, den Kindern und Jugendlichen zu vermitteln, dass Streitigkeiten und Konflikte selbstverständliche Bestandteile zwischenmenschlicher Beziehungen sind. Dabei sollen die Handlungskompetenzen der Jugendlichen erweitert und die bisher versteckten Fähigkeiten gefördert werden. Die Konfliktfähigkeit der Jugendlichen ist zu stärken, das Aushalten von Widersprüchen ist zu üben und nicht gewalttätige Konfliktlösungsmuster sind zu entwickeln. Dies wird in Rollenspielen, aber auch auf dem „heißen Stuhl", geübt. Durch die Provokationstests, die auf den Therapeuten Frank Farrelly zurückzuführen sind, sollen dem Teilnehmer die Grenzen von Selbstkontrolle, Erregbarkeit und Aggressivität vermittelt werden. Die Jugendlichen werden während der Sitzungen provoziert, wobei die Provokationen Situationen und Schwächen thematisieren, die früher zu Gewalttätigkeiten geführt haben. Sprechen – auch in Stressmomenten – statt schlagen wird von den Teilnehmern erwartet.

Grundlegendes pädagogisches Handlungsprinzip ist dabei die Achtung und Wertschätzung der Persönlichkeit des Menschen, bei gleichzeitiger Verurteilung seiner nicht angemessenen Handlungen. Die Professionellen sollten den Teilnehmer als Person mögen, bei gleichzeitiger massiver Ablehnung z.B. seiner Gewaltbereitschaft. Es geht in der Arbeit mit gewaltbereiten Tätern nicht um Verständnis, sondern um Verstehen. Gewalt und Aggressionen werden als ein natürlicher Persönlichkeitsanteil des Menschen akzeptiert. Dieser Anteil ist durch Regeln und Tabus auszubauen.
Auf Grundlage einer vertrauensvollen, von Sympathie und Respekt geprägten Beziehung gilt es die Folgen gewalttätigen Handelns beim Täter ins Kreuzfeuer der Kritik zu nehmen.

4.1.6 Gedicht vortragen

Material:	kein
Gruppengröße:	ab 3 Personen
Vorbereitungszeit:	keine
Durchführungszeit:	5 bis 15 Minuten

Beschreibung:
Jeder Teilnehmer (TN) soll ein Gedicht vortragen. Dabei soll er einfühlsam und fehlerfrei ablesen. Sobald es einem TN oder dem Leiter nicht gefällt, wird der Vortragende unterbrochen und darf von vorne anfangen.
Reflexion:
Wann wurde es nervig?
Wann ist es für den Vortragenden anstrengend geworden?
Wie lange hätte der Vortragende es noch ertragen?

4.1.7 Zitate interpretieren

Material:	kein
Gruppengröße:	ab 3 Personen
Vorbereitungszeit:	keine
Durchführungszeit:	5 bis 15 Minuten

Beschreibung:

Jedem Teilnehmer wird ein Zitat gegeben, z.B. „Ein Fremder ist ein Freund, den man nicht kennt." oder „Du musst jeden Tag einen Feldzug gegen Dich selbst führen." Der TN hat nun zehn Minuten Zeit einen Zwei-Minuten-Vortrag vor der Gruppe zu halten. Was sagt dieses Zitat und was bedeutet es für sein Leben.

4.2 Deeskalation

> *„Es ist erstaunlich, was man alles lernen kann, wenn man will. Jede Gewohnheit lässt sich ändern." (Salman Rushdie)*

Die Haltung

Wenn Sie in Menschen nur Gegner sehen, die Ihnen etwas Schlechtes wollen, so strahlen Sie dieses aus. Oft bekommen Sie die passenden negativen Reaktionen auf Ihre Ausstrahlung, die natürlich Ihre Grundhaltung verstärkt.

Wenn Sie die unten genannten Grundhaltungen verinnerlicht haben, werden auch diese von der Umwelt bestätigt werden:

- Die positive Wertschätzung des Gegenübers ist wichtig.
- Die geistige Trennung von der Person, die Sie als Mensch mögen, und seiner unangemessenen Verhaltensweisen.
- Ein guter Kontakt (Rapport) zum anderen ist notwendig.
- Lieben, was ist. (Byron Katie)
- Ich bin o.k. – Du bist o.k. (Thomas Harris)
- Niemand von uns wird mit dem Recht geboren, zu einem Mitmenschen oder Tier zu sagen: Du machst, was ich dir sage, oder ich werde dir wehtun.
- Niemand hat das Recht, den anderen auszugrenzen, zu beleidigen oder zu verletzen.

Ihre Haltung (Geistes- und Körperhaltung) ist also schon die erste Möglichkeit einer Deeskalation.

Die Wahrnehmung

Die Schärfung Ihrer Wahrnehmung kann ebenfalls zur Deeskalation beitragen. Sie sollten lernen, frühzeitig Warnsignale von anderen und sich zu erkennen, die auf eine mögliche Eskalation hinweisen. Die eigenen Gefühle können genauso wie die Körpersprache des Gegenübers ein Warnsignal sein. Je früher Sie eine Eskalation wahrnehmen, desto einfacher ist die Deeskalation.

Die Wahlmöglichkeiten

Umso mehr Wahlmöglichkeiten Sie in einer Stresssituation hast, desto effektiver können Sie in einer solchen regieren. Einige erlernen Sie durch Erfahrung. Hier sind Rollenspiele eine gute Möglichkeit, dies im geschützten Rahmen auszuprobieren, z.B.:

- **Ignorieren** des Aggressors: Sie nehmen keinen Kontakt zum Gegenüber auf, auch keinen Augenkontakt. Obwohl dieser Sie provozieren möchte, zeigen Sie weder ein Opfer- noch ein Aggressionsverhalten.
- **Verwirren** des Aggressors: Sie sprechen mit sich selbst, stellen dem Gegenüber Fragen, begrüßen ihn wie einen alten Bekannten, fragen nach dem Weg, stellen einen epileptischen Anfall nach usw. Hier ist der Kreativität keine Grenze gesetzt.
- **Neutraler Stand**: Sie stellen sich seitlich zum Gegenüber, bleiben ruhig und locker. Die Arme hängen neben dem Körper. Ihr Gesicht zeigt weder Aggression noch Angst. Der Körpersprachtrainer Holger R. Schlafhost spricht von einer „entschiedenen Neutralität", die Sie sich verinnerlichen und wie ein Programm abrufen können sollten.
- **Grenze ziehen**: Stellen Sie sich frontal zum Gegenüber und zeigen, dass Sie keine Angst Haben. Nehmen Sie die Arme vor, berühren ihn aber nicht und zeigen die offenen Handflächen.

Die Intuition

In Stresssituationen ist leider unser Gehirn nicht optimal durchblutet. Was wir hätten machen können, fällt uns oft erst hinterher ein. Im Buch „Verteidige Dich[3]" beschreiben die Selbstverteidigungsexperten Prof. Keith R. Kernspecht und André Karkalis, wie sinnvoll unser „Bauchgefühl" ist. Es warnt uns frühzeitig und gibt uns Möglichkeiten zu handeln.

4.2.1 Duell der Augen

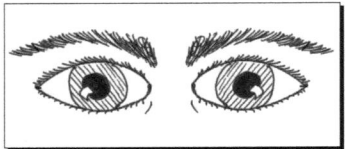

Material: kein
Gruppengröße: ab 7 Personen
Vorbereitungszeit: keine
Durchführungszeit: 5 bis 20 Minuten

Beschreibung:
Ziel ist es, möglichst lange nicht in ein direktes Duell zu geraten! Die Gruppe stellt sich zunächst in einem relativ engen Kreis auf. In festgelegter Reihenfolge z.B. von links nach rechts geben die SpielerInnen nun nacheinander immer zwei Kommandos: „SCHAUBODEN" bedeutet, dass alle Mitspieler vor sich auf den Boden schauen. Gleichzeitig tritt vollständige Ruhe ein und alle überlegen für sich, welchen Mitspieler sie als nächstes anschauen wollen. Kurz darauf erfolgt nämlich das Kommando. „HOCHSCHAU", was bedeutet, dass alle Köpfe gleichzeitig gehoben und die Augen unmittelbar auf die vorher ausgewählten Personen gerichtet werden. Sehen sich nun zwei Personen direkt in die Augen, so haben beide Pech gehabt und scheiden für den Rest des Spieles aus. Der Kreis wird verkleinert und die anderen Spieler setzen das Spiel so lange fort, bis ein Sieger übrig bleibt.

4.2.2 Heimlicher Chef

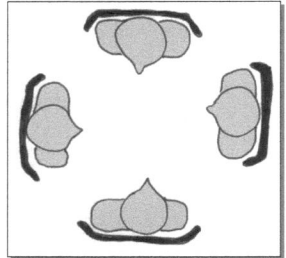

Material: kein
Gruppengröße: ab 7 Personen
Vorbereitungszeit: keine
Durchführungszeit: 10 bis 20 Minuten

Beschreibung:
Die Teilnehmer sitzen im Kreis und schließen die Augen. Der Anleiter geht um den Kreis herum und bestimmt durch antippen einen „Gruppenchef". Die Gruppe öffnet die Augen und versucht den Chef auszumachen.

4.2.3 Tor der Liebe

Material: kein
Gruppengröße: ab 7 Personen
Vorbereitungszeit: keine
Durchführungszeit: 10 bis 20 Minuten

Beschreibung:

Die Teilnehmer (TN) stehen im Kreis mit dem Gesicht nach außen. Ein Teilnehmer ist draußen. Der Anleiter legt zwei nebeneinander stehende Personen fest, die das Tor bilden. Die beiden bekommen den Auftrag die ganze Zeit den Satz zu denken „Ich liebe Dich". Die anderen TN bekommen den Auftrag zu denken „Ich hasse Dich". Der TN wird hereingeholt mit dem Auftrag den Durchgang zu finden. Dabei soll er sich auf sein Gefühl verlassen. Durchgelassen wird er nur bei den beiden zuvor bestimmten „Ich liebe Dich"-TN.

4.2.4 Befreiungsgriffe

Material:	kein
Gruppengröße:	ab 2 Personen
Vorbereitungszeit:	keine
Durchführungszeit:	10 bis 20 Minuten

Beschreibung:

Befreiungsgriffe können eine Alternative zum Schlagen sein. Deshalb sollten diese auch trainiert werden. Das Festhalten an den Armen oder Handgelenken sind die häufigsten Übergriffe. Zum Glück sind viele Übergriffe nicht wirklich „gefährlich". Oft soll nicht verletzt, sondern Macht demonstriert werden, wenn z.B. das direkt <u>gegenüberliegende Handgelenk</u> gepackt wird,

1. Das linke Handgelenk wird mit der rechten Hand gefasst.

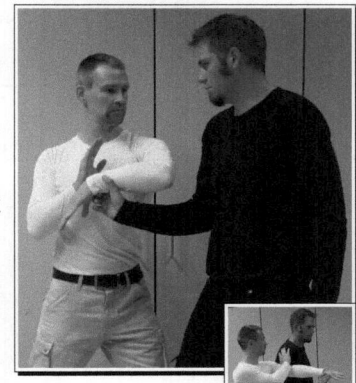

2. Der linke Ellbogen wird über die andere Hand nach vorne gefaltet. Dabei geht man seitlich an der Person vorbei und löst sich so aus dem Griff.

oder wenn das <u>gleiche Handgelenk</u> gefasst wird.

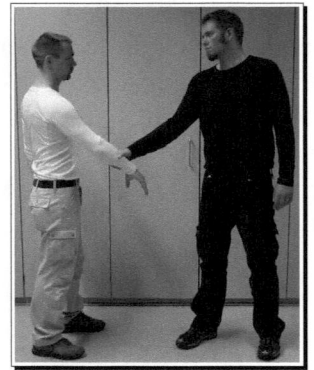

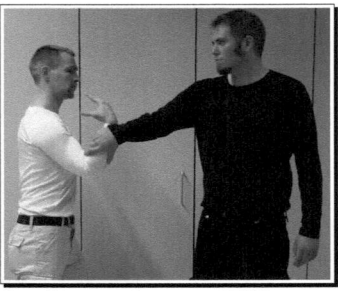

1. Hier wird mit rechts das rechte Handgelenk gefasst.

2. Der eigene Ellbogen wird zur Körpermitte bewegt und das Handgelenk wird angewinkelt.

3. Dann kann der Griff gelöst werden, indem man an der Person vorbei geht.

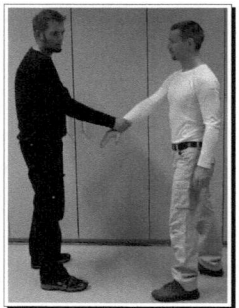

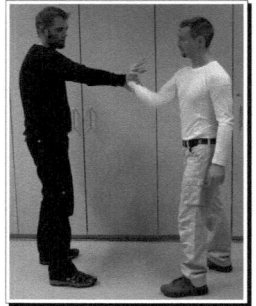

Manchmal wird auch „nur" die <u>Hand nach der Begrüßung</u> gehalten.

Der eigene rechte Daumen wird gegriffen und dann Schritt zurück.

4.2.5 Stuhlgang

Material:	kein
Gruppengröße:	ab 2 Personen
Vorbereitungszeit:	keine
Durchführungszeit:	10 bis 30 Minuten

Beschreibung:

Zur Vorbereitung auf den Ernstfall dient die Übung „Stuhlgang". Diese Übung wird so genannt, weil erstens ein Gang aus Stühlen gebaut wird und zweitens weil es (stressbedingt) die Verdauung anregt. Der Seminarteilnehmer soll an zwei „gefährlichen" Personen vorbeigehen, ohne die Situation eskalieren zu lassen. Aufgabe für den Durchlaufenden ist es, so lange wie möglich auf Gewalt zu verzichten. Für diese Übung benötigt man einen Flur oder Gang, in dem zwei Trainer stehen, die auch „böse" werden können. Diese beiden Personen sollten keine Angst vor körperlichen Kontakt haben, Spaß an Rollenspielen haben und sich bei dieser Übung von ihren Erfahrungen und Gefühlen leiten lassen. Zeigt der Durchlaufende Angst oder ist er hochnäsig, gibt es „Ärger".

Diese Übung zeigen im geschützten Rahmen die Möglichkeiten und die Grenzen der Deeskalation. Es bietet gute Möglichkeiten sich auszuprobieren und zu erkennen, welche Lösungsmöglichkeit zur eigenen Person passt. Einige können besser durch bewusste Gestik, andere durch Mimik oder durch Worte deeskalieren.

Hier zwei Beispiele:

- Mein Kollege Marian Rohde und ich spielten gerade schlecht gelaunte Fußball-fans in Gelsenkirchen, als ein älterer Teilnehmer auf uns zu kam. Drei Meter vor uns nahm er plötzlich die Arme über den Kopf, klatsche laut in die Hände und schrie: „Schalke, Schalke, Schalke!" Wir beiden waren erst einmal so verwirrt, dass er ohne Schwierigkeiten an uns vorbei kam.

- Bei einer Fortbildung in Sachsen tanzte eine Lehrerin an uns vorbei. Es hatte et-was von „Riverdance" oder „Lord of the dance" und sah sehr faszinierend aus. Wir waren so perplex, dass zwei weitere Teilnehmerinnen an uns vorbeigingen, bevor wir uns wieder „gefangen" hatten.

5 Gruppenphase Auflösung

„Wer seinen Kindern die Zukunft verbauen will, muss ihnen alle Steine aus dem Weg räumen."

Fünfte Phase
Auflösung (Adjourning)
Ablösephase

Merkmale
Die Maßnahme geht zu Ende oder eine längere Zusammenarbeit wird sich bald auflösen. Aller Abschied ist schwer, weshalb Erschöpfung (Anstrengung, Sättigung), Nervosität, Unruhe (Zukunftsunsicherheit) und Trauer (Trennungsschmerz) als Begleiterscheinungen auftreten können.

Handlungsmöglichkeiten
In die Übungen und in die Gruppe sollte viel Ruhe gebracht werden. Bei aufkommender Unruhe sollten die Wogen geglättet werden und der Leiter sollte wieder verstärkt auf die Gruppenregeln achten. Um mit der Trauer besser umgehen zu können, sollte gemeinsam überlegt werden, in welcher Form man in Kontakt bleiben kann. Es sollte Raum für Verabschiedungen gegeben werden.

5.1 Reflexion und Rückmeldung

„Man kann aus jedem Gespräch, bei dem man selbst nicht dauernd redet, sondern ganz einfach zuhört, unendlich viel erfahren und lernen." (Roman Herzog)

Mit **Reflexion** in der Pädagogik ist das Nachdenken über eine vergangene pädagogische Situation gemeint, die damit noch einmal von allen Seiten beleuchtet und untersucht wird, um sie besser zu verstehen und bewusst aus ihr zu lernen.

Thomas Schut (Universität Essen-Duisburg) sieht die Reflexion als einen wesentlichen Bestandteil jeder Aktion. Sie ermöglicht es, den Teilnehmern abgelaufene Gruppenprozesse zu verdeutlichen und aufgetretene Probleme anzusprechen. Die Erfahrung zeigt, dass sich in einer offenen Gesprächsrunde die Teilnehmer oft dem Vorredner anschließen und man deswegen nicht von jedem die eigene Meinung bekommt. Daher ist es empfehlenswert, mit Methode zu arbeiten.

Reflexion und Transfer liegen sehr eng beieinander. In der gängigen Literatur wird immer wieder darauf verwiesen, dass für einen Transfer von Lernerfahrungen aus erlebnisorientierten Aktivitäten in den Alltag eine gemeinsame Reflexion notwendig ist. In der amerikanischen Schule des „adventure-based experiential learnings" unterscheidet man drei Arten von Transfer.

Spezifischer Transfer
Fachspezifische Erfahrungen und Kenntnisse werden auf fachverwandte Bereiche übertragen.
Beispiel: Sicherungserfahrungen beim Klettern werden beim Abseilen genutzt.

Nicht spezifischer Transfer
Die einer Erfahrung zugrunde liegenden Strategien lassen sich auch in anderen Situationen anwenden.
Beispiel: Bei der Kletteraktion haben die Teilnehmer erfahren, wie sich Vertrauen und gegenseitige Unterstützung aufgebaut haben und versuchen nun, das in der Gruppensituation im Jugendhaus anzuwenden.

Metaphorischer Transfer
Ein metaphorischer Transfer kommt zustande, wenn ein Lernprozess in einer Situation analog zu einem Lernprozess in einer vergleichbaren Situation verläuft.
Beispiel: Festhalten und Loslassen beim Klettern und Abseilen. Krampfhaftes Festhalten verhindert ein mögliches Weiterkommen - beim Klettern, wie im Leben.

Die während der Aktion gemachten Erfahrungen, Erlebnisse und die gemeisterten Lernsituationen haben an sich einen formenden Einfluss auf die einzelnen Persönlichkeiten und das Gruppenverhalten. Eine Reflexion kann diesen Lernprozess verstärken und Transferchancen unter Umständen beschleunigen.

5.1.1 Blitzlicht

Material:	kein
Gruppengröße:	ab 2 Personen
Vorbereitungszeit:	keine
Durchführungszeit:	5 bis 15 Minuten

Beschreibung:
Jeder Teilnehmer sagt im Kreis „kurz", was ihm als Rückmeldung wichtig ist.

5.1.2 Fragen der Anleitung

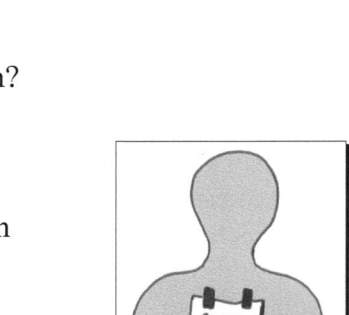

Material:	kein
Gruppengröße:	ab 3 Personen
Vorbereitungszeit:	keine
Durchführungszeit:	5 bis 15 Minuten

Beschreibung:
- Haben sich alle an die vereinbarten Regeln gehalten?
- Wer hat welche Initiative gezeigt?
- Wurden alle Vorschläge berücksichtigt?
- Wie wurde nonverbal Entscheidungen getroffen?
- Wurden alle einbezogen?

5.1.3 Rück(en)meldung

Material:	Papier, Stifte, Klebestreifen
Gruppengröße:	ab 4 Personen
Vorbereitungszeit:	kein
Durchführungszeit:	15 bis 30 Minuten

Beschreibung:
Jeder Teilnehmer (TN) bekommt ein Blatt auf den Rücken geklebt. Alle anderen schreiben darauf, was sie an diesem TN gut finden.
Variationen:
Es wird noch zusätzlich darauf geschrieben, wo dieser TN noch Entwicklungsmöglichkeiten hat. Dies ist nur möglich, wenn ein großes Vertrauen in der Gruppe vorhanden ist.

5.1.4   Drei Felder

Material: kein (evt. Markierung)
Gruppengröße: ab 4 Personen
Vorbereitungszeit: keine
Durchführungszeit: 5 bis 15 Minuten

Beschreibung:
"Drei Felder" ist besonders für eine Abschlussreflexion mit einer großen Gruppe und wenig Zeit geeignet. Der Leiter stellt der Gruppe verschiedene Fragen zur Aktion und ordnet drei abgegrenzten Feldern Antworten auf seine Fragen zu. (z.B. Ich möchte bei solch einer Aktion unbedingt noch einmal mitmachen/ Ich möchte bei solch einer Aktion eventuell noch einmal mitmachen / Ich möchte bei solch einer Aktion nie wieder mitmachen). Die Teilnehmer stellen sich nun in die drei Felder.

5.1.5   Dartscheibe

Material: Klebepunkte, Papier, Stift
Gruppengröße: ab 4 Personen
Vorbereitungszeit: 3 Minuten
Durchführungszeit: 5 bis 15 Minuten

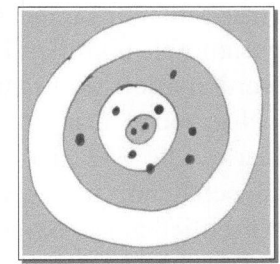

Beschreibung:
Auf einem möglichst großen Blatt wird eine Dartscheibe gemalt und mit vier bis sechs wichtigen Aspekten der Aktion beschriftet. Jeder Teilnehmer bekommt nun vier bis sechs Klebepunkte, die er auf die Dartscheibe kleben darf. Je weiter die Punkte dabei in die Mitte geklebt wurden desto besser ist die Bewertung.

5.1.6   Die Schöpfung

Material: 3 Schüsseln, Schöpfkelle, Wasser
Gruppengröße: ab 4 Personen
Vorbereitungszeit: 5 Minuten
Durchführungszeit: 10 bis 20 Minuten

Beschreibung:
Die Teilnehmer setzen sich zur Abschlussreflexion um drei Schüsseln. Davon ist nur eine Schüssel mit Wasser gefüllt. Eine leere Schüssel stellt die negativen

Aspekte der Aktion dar, die andere die positiven Aspekte. Nun dürfen die Teilnehmer nacheinander eine Schöpfkelle mit Wasser nach eigenem Ermessen auf die negative und die positive Schüssel verteilen. Dabei sollen sie positive und/oder negative Aspekte benennen.

5.1.7 Karten raten

Material:	Papier, Stifte
Gruppengröße:	ab 4 Personen
Vorbereitungszeit:	keine
Durchführungszeit:	15 bis 25 Minuten

Beschreibung:
Jeder Teilnehmer (TN) bekommt eine Karteikarte. Auf dieser Karte notiert er seine wichtigsten Eindrücke in knappen Worten. Zusätzlich schreibt der Gruppenleiter einige Karten, um die Auswahl zu vergrößern. Alle Karten werden gesammelt und die Gruppe soll erraten, wer welche Karte geschrieben hat. Dazu werden alle Karten aufgedeckt in die Mitte gelegt. Nun wird die Karte des ersten TN gesucht. Dazu legen alle anderen TN einen Gegenstand (z.B. Stein) auf die Karte, die sie dem ersten TN zuordnen würden. Erst wenn alle TN ihre Einschätzung abgegeben haben, darf der entsprechende TN das Rätsel auflösen. Anschließend diskutiert die Gruppe über Unterschiede und Entsprechungen von Selbst- und Fremdwahrnehmung.

5.1.8 Tierreflexion

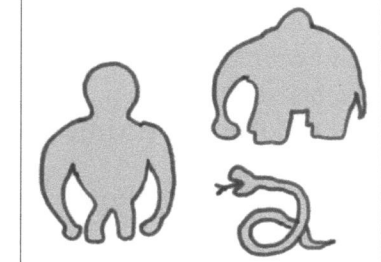

Material:	Arbeitsblatt mit Tieren
Gruppengröße:	ab 4 Personen
Vorbereitungszeit:	15 Minuten
Durchführungszeit:	10 bis 15 Minuten

Beschreibung:
Die Teilnehmer erhalten ein Arbeitsblatt mit verschiedenen Tiermotiven. Ein Teilnehmer wird ausgewählt und vor die Tür geschickt. Die übrigen suchen nun Tiermotive aus, die Eigenschaften des Teilnehmers vor der Tür beschreiben. Der Teilnehmer vor der Tür schätzt sich anhand der Tiermotive auch selber ein. Anschließend diskutiert die Gruppe über Unterschiede und Entsprechungen von Selbst- und Fremdwahrnehmung. Die Organisation dieser Übung ist von der

Gruppengröße, der Motivation der Teilnehmer und der zur Verfügung stehenden Zeit abhängig.

5.1.9   Bachlauf

Material: Papier, Stifte
Gruppengröße: ab 4 Personen
Vorbereitungszeit: keine
Durchführungszeit: 25 bis 90 Minuten

Beschreibung:
Die Teilnehmer werden in Gruppen mit ca. vier Personen geteilt. Jede Gruppe soll nun einem bestimmten Abschnitt eines Baches folgen. Dabei sollen sie den Verlauf des Baches möglichst genau aufzeichnen. Danach versucht jede Kleingruppe den Bachlauf z.B. mit dem Verlauf der Projektwoche in Verbindung zu bringen. Die Ergebnisse dieses Gespräches werden dann später der gesamten Gruppe vorgestellt.
Diese Übung ist auch ohne Wanderung am Bach möglich.

5.2   Abschluss

„Die Gewalt besitzt nicht halb so viel Macht wie die Milde. "
(Samuel Smiles)

Der Abschluss ist recht wichtig, da er noch nachhaltig in Erinnerung bleibt. Etwas Symbolisches kann dem ganzen Abschluss einen offiziellen Charakter verleihen. Eine Urkunde oder ein Zeugnis kann hier für Kinder ebenso wichtig sein wie für Erwachsene.

5.2.1   Veränderung

Material: Kein
Gruppengröße: ab 2 Personen
Vorbereitungszeit: keine
Durchführungszeit: 3 Minuten pro Gespräch

Beschreibung:

Jeder Teilnehmer (TN) sucht sich einen Partner und setzt sich mit diesem zusammen. Nacheinander beschreiben die TN die Veränderung, die sie beim Partner in der Maßnahme beobachtet haben. Dabei soll jeder TN erst einmal zuhören. Ein Gespräch sollte erst nach dem Zuhören geführt werden.

5.2.2 Ein Bild von Dir

Material:	Papier, Stifte, Zeitschriften, Kleber
Gruppengröße:	ab 2 Personen
Vorbereitungszeit:	keine
Durchführungszeit:	20 bis 25 Minuten

Beschreibung:

Die Namen aller Teilnehmer werden auf Zettel geschrieben. Jeder Teilnehmer zieht einen dieser Zettel. Wer seinen eigenen Namen gezogen hat, muss noch einmal ziehen. Die Namen müssen dabei geheim gehalten werden. Die Teilnehmer bekommen nun die Aufgaben, ein Bild für die Person auf ihrem Zettel zu malen. Das Thema des Bildes lautet: "So habe ich dich in den letzten Tagen erlebt...". Da der künstlerische Aspekt hier keine Rolle spielt, sind alle Arten von "Bildern" erlaubt. Wer nicht malen möchte, kann z.B. eine kleine Kollage aus alten Zeitschriften zusammenstellen. Wenn alle Bilder fertig sind werden sie in die Mitte eines Kreises gelegt. Ein Teilnehmer darf nun raten, welches Bild für ihn bestimmt sein könnte. Danach darf die Person, die das Bild für den ratenden Teilnehmer gemalt hat, das Rätsel auflösen. Diese beiden Teilnehmer dürfen sich dann über Unterschiede und Gemeinsamkeiten ihrer Wahrnehmung austauschen. Dabei darf auch die Gruppe über ihre Eindrücke befragt werden.

5.2.3 Brief an sich selbst

Material:	Papier, Stifte, Umschlag
Gruppengröße:	ab 2 Personen
Vorbereitungszeit:	keine
Durchführungszeit:	15 bis 25 Minuten

Beschreibung:

Jeder Teilnehmer bekommt Schreibpapier und einen Briefumschlag. Damit darf er sich zurückziehen und einen Brief an sich selbst schreiben. Diesen Brief steckt er in den Umschlag, klebt den Umschlag zu und beschriftet ihn mit seiner Adresse. Die Briefe werden eingesammelt und - natürlich ungeöffnet - sechs Monate später an die Teilnehmer geschickt. Je nach Aktion oder Projekt kann es sinnvoll sein, den Teilnehmern Leitfragen für ihren Brief zu geben.

5.2.4 Urkunde

Material:	selbst gemachte Urkunden
Gruppengröße:	ab 2 Personen
Vorbereitungszeit:	ca. 10 Minuten pro Urkunde
Durchführungszeit:	5 bis 10 Minuten

Beschreibung:
In einer Urkunde stehen die Inhalte des Trainings und die ganzen Fakten (Dauer, Teilnehmer, Leitung usw.) werden genannt. Es sollte zusätzlich der Name des Teilnehmers (TN) stehen und dass er die Maßnahme erfolgreich absolviert hat. Auch die Ziele, die die Maßnahme verfolgt und die der TN erreicht hat, werden genannt.

5.2.5 Zeugnis

Material:	selbst gemachte Zeugnisse
Gruppengröße:	ab 2 Personen
Vorbereitungszeit:	ca. 15 Minuten pro Zeugnis
Durchführungszeit:	5 bis 10 Minuten

Beschreibung:
In dem Zeugnis werden zunächst die Inhalte und Ziele des Trainings beschrieben. Dann wird der Teilnehmer (TN) und seine Fortschritte beschrieben. Es können auch die Entwicklungsmöglichkeiten beschrieben werden. Vorher sollte der Schreiber wissen, wer dieses Zeugnis noch zu sehen bekommt. Wenn z.B. ein Richter das Zeugnis wegen einer gerichtlichen Auflage bekommt, sollten nicht die Sachen des TN stehen, die gegen ihn verwendet werden können.

Nach-denken

„Erweitern Sie Ihr Blickfeld. Gehen Sie neue Wege. Streben Sie das Unmögliche an. Nehmen Sie den Kampf mit dem Unsterblichen auf!"
(David Ogilvy)

Zu jedem Bereich gibt es noch unzählige Informationen und Übungen. In diesem Buch sind deshalb viele Verweise zu anderen Menschen, Büchern oder Internetseiten. Dieses Buch kann nur ein **Einstieg in die Gewaltvorbeugung** sein.

Menschen denken gerne: „eine Ursache führt zu einer Wirkung" (monokausal), z.B. gewalttätige Computerspiele führen zu gewalttätigen Jugendlichen. Wenn diese Spiele verboten werden, gibt es auch keine „bösen" Jugendliche. **Gewalt hat viele Ursachen und es gibt viele Möglichkeiten, Gewalt vorzubeugen.** Wichtig ist es die Erkenntnisse und die Theorien der Forschung in die Praxis einzubauen. In diesem Buch ist nur ein Auszug dieser Möglichkeiten und die Folgerungen der Theorien für die Vorbeugung lassen sich in folgenden Kernpunkten zusammenfassen:
- ➤ Durchsichtigkeit und Umgang mit Auslösern von Gewalt thematisieren
- ➤ Andere Denk- und Verhaltensweisen erarbeiten und erproben
- ➤ Förderung der Beziehungsebene als positives Lernmodell
- ➤ Förderung von positiven Verhaltensweisen
- ➤ Hilfestellung für schwierige Lebensumstände

Eine schnelle Lösung gibt es nicht. Mehr Verbote, höhere Strafen, Herabsetzung des Strafmündigenalters und neue Gesetze beruhigen nur die Öffentlichkeit und bewirken keine positive Entwicklung in unserem Land. **„Vorbeugen" ist besser als „Heilen"** (Prävention vor Intervention) und oft auch billiger. Dies könnte ein Hauptargument sein, warum Gewaltvorbeugung finanziert wird. Unterstützungen und Hilfen, besonderes in den Bereichen Familie und Schulen, können langfristig einen besseren Umgang der Menschen untereinander bewirken. Die gewaltfreie Gesellschaft sollte stets angestrebt werden und es sollte auch klar sein, dass sie nie erreicht wird.

Die Übungen in dem Buch passen nicht zu jeder Ziel- und Altersgruppe. Manche sind zu schwer, manche zu leicht. Da ist Ihre Kreativität gefragt. Wie können Sie diese Übung Ihrer Zielgruppe anpassen? Meistens reichen minimale Änderungen, eine kleine Hilfestellung oder eine Geschichte, in die diese Übung eingebettet wird.

Ein Austausch zwischen Profis (Erzieher, Lehrer, Pädagogen, Polizisten usw.) **und Halbprofis** (Eltern, Sportgruppenleiter usw.) sollte regelmäßig stattfinden. Wissen und Erfahrungen sollten zusammenfließen, etwas Sinnvolles ergeben und verschieden Maßnahmen koordiniert werden. Dank der neuen Medien sind Vernetzungen heutzutage unkomplizierter zu organisieren. Leider steht manchmal das eigene Ego oder der eigene Geldbeutel im Weg, wenn es um den Austausch von Wissen und eine effektive Vernetzung geht.

Veränderung verlangt Kraft und Ausdauer. Es reicht nicht, einmal etwas in der Ausbildung oder im Studium zum Thema Gewaltvorbeugung gehört zu haben. Eine ständige Weiterbildung und ein regelmäßiger Austausch sind notwendig, um in der Arbeit mit Kindern und Jugendlichen vorbeugend arbeiten zu können. Ich habe Wissensvermittler kennengelernt, die nach dem Lehramtsstudium seit 30 Jahren keine Fortbildung mehr besucht haben. Dem gegenüber müssen Übungsleiter verschiedener Sportverbände nachweisen, dass sie sich regelmäßig fortbilden, auch wenn sie „nur" ehrenamtlich arbeiten.

Es gibt **keine Patentlösungen** und deshalb ist es notwendig auf verschiedene Herausforderungen unterschiedlich zu reagieren. Dabei ist die eigene Beweglichkeit eine wichtige Voraussetzung. Wer meint: „Was gestern gut war, ist auch morgen gut" hat die gleichen Denkstrukturen wie die Dinosaurier vor 65 Millionen Jahren, als sich die Bedingungen änderten und dabei ausstarben. Unsere Welt ist heute viel schnelllebiger und die Bedingungen ändern sich ständig. Darauf sollten wir ständig und angemessen reagieren.

„Vergessen du musst, was früher du gelernt." (Jedi-Meister Yoda)

Informationen

„Der wahre Zweck eines Buches ist, den Geist hinterrücks zum eigenen Denken zu verleiten." (C. D. Morley)

Da ich weiß, dass dieses Buch nicht vollständig ist und einige Entwicklungsmöglichkeiten hat, verweise ich hier (*wie immer*) auf weitere Informationen.

Literaturempfehlungen

 Bärsch, Tim: **Verhindern Sie Gewalt**
Wie haben Personen in gewalttätigen Situationen ihr kreatives Potential genutzt, um diese zu deeskalieren?
Über 100 Anregungen zum Thema Deeskalation für 9,99 €

 Bärsch, Tim / Rohde, Marian: **Kommunikative Deeskalation**
Wissen aus den Fachbereichen der Kommunikation, des NLP, der Stressforschung, der Kampfkünste, der Pädagogik, der Neurobiologie und der Psychologie für 9,99 €

 Bärsch, Tim / Rohde, Marian: **Deeskalation in der Pflege**
Kommunikationstheorien, Deeskalationsstrategien, Vorbeugungsmaßnahmen, Sicherheitshinweise, Fixierungs- und Befreiungsgriffe für 9,99 €

 Bärsch, Sibylle / Bärsch, Tim: **Theorien zur Gewalt**
Forschungs-, Theorie-, Erklärungs- und Präventionsansätze
148 Seiten Wissen über Gewalt und Gewaltprävention für 6 €
Bestellung <u>nur</u> über die Edition Zebra (siehe nächste Seite)

Das Buch „Theorien zur Gewalt" und die nachfolgenden Bücher mit Verlagsort Schwerte sind <u>nur</u> über die Edition Zebra der Gewalt Akademie zu bekommen.

Tel.: 02304 – 755190   Fax: 02304 – 755295
Internet: www.gewaltakademie.de
Email: g.kirchhoff@aej-haus-villigst.de

- Birkenbihl, Vera F.: **Warum wir andere in die Pfanne hauen ...;** Paderborn 2005
- Bohne, Michael: **Feng Shui gegen das Gerümpel im Kopf**; HH 2007
- Feustel, Bert / Komarek, Iris: **NLP-Trainingsprogramm**, München 2006
- GAV (Hrsg.): **Impulse und Übungen - Teil 1 - 3**; Schwerte 1996 – 2007
- Gigerenzer, Gerd: **Bauchentscheidungen**; München 2008
- Havener, Thorsten: **Ich weiß, was du denkst**; Hamburg 2009
- Havener, T. / Spitzbart. M.: **Denken Sie nicht an einen blauen Elefanten**; Reinbek 2010
- Karkalis, André / Kernspecht, Keith R.: **Verteidige Dich³**; Burg / Fehmarn 2003
- Küstenmacher, Werner Tiki / Seiwert, Lothar J.: **simplify your life**; München 2004
- Meis, M. S. / Rhode, R.: **Wenn Nervensägen an unseren Nerven sägen;** München 2006
- Pease, A. / Pease, B.: **Die kalte Schulter und der warme Händedruck**; Berlin 2006
- Posselt, Ralf-Erik: **Gewalt löst keine Probleme**; Schwerte 2000
- Prior, Manfred: **MiniMax-Interventionen**; Heidelberg 2007
- Riederle, Josef: **Kampfesspiele**, Schwerte 2003
- Rosenberg, Marshall B.: **Gewaltfreie Kommunikation**; Paderborn 2004
- Schlafhorst, Holger R. u.a.: **Der Umgang mit Menschen**; Ingelheim 2003
- Schubart, W.: **Gewaltprävention in Schule und Jugendhilfe**; Brühl 2000
- Schulz von Thun, F.: **Miteinander Reden 1 - 3**; Hamburg 2006
- Schwarz, A. A. / Schweppe, R. P.: **Praxisbuch NLP**; München 2007
- Watzlawick, Paul: **Anleitung zum Unglücklichsein;** München 2008

Weiterführende Literatur

- Bandura, Albert: **Aggression**; Stuttgart 1979
- Beaulieu, Danie: **Klimazone Klassenzimmer;** Heidelberg 2008
- Birkenbihl, Vera F.: **Kommunikation und Rhetorik;** München 2003
- Bongartz, Ralf / Meis, Mona Sabine / Rhode, Rudi: **Angriff ... ist die schlechteste Verteidigung**; Paderborn 2003
- Braune-Krickau, Michael / Langmaack, Barbara: **Wie die Gruppe laufen lernt**; Weinheim 1995
- Brinkmann, Heinz U. / Frech, Siegfried / Posselt, Ralf-Erik: **Gewalt zum Thema machen;** Bonn 2008
- Cleese, John / Skynner: **... Familie sein dagegen sehr**; Paderborn 2000
- Gall R. / Kilb R. / Weidner J.: **Konfrontative Pädagogik in der Schule;** Weinheim 2006
- Gerlach, Nicole M.: **Mobbing;** Schwerte 2009
- Gilsdorf, R. / Kistner, G. : **Kooperative Abenteuerspiele 1 + 2**; Seelze-Veber 2002/3
- Golemann, Daniel: **Emotionale Intelligenz**; München 1997
- Grabs, Roland: **Sportjugend gegen Gewalt**; Duisburg 1997
- Gruhl, Monika: **Die Strategie der Stehauf-Menschen**; Freiburg 2008
- Gugel, Günther: **Gewalt und Gewaltprävention**; Tübingen 2006
- Heckmair, Bernd / Michl, Werner: **Erleben und lernen**; Berlin 1998
- Hees, Katja / Wahl, Klaus: **Täter oder Opfer?**; München 2009
- Hofinger, Gesine (Hrsg.): **Kommunikation in kritischen Situationen**; Frankfurt 2005
- Hurrelmann, Klaus: **Lebensphase Jugend**; Weinheim 1999
- Jehn, Otto / Kilb, Rainer / Weidner, Jens (Hrsg.): **Gewalt im Griff III**; Weinheim 2003
- Kernspecht, Keith R.: **BlitzDefence - Die Strategie gegen den Schläger;** Burg / Fehmarn 2000
- Kernspecht, Keith R.: **Der Letzte wird der Erste sein**; Burg / Fehmarn 2004
- Ketelsen R. / Schulz M. Zechert C.: **Seelische Krise und Aggressivität**; Bonn 2004

- Kilb, Rainer / Kreft, Dieter / Weidner, Jens (Hrsg.): **Gewalt im Griff I**; Weinheim 1997
- Korn J. / Mücke T.: **Gewalt im Griff 2**; Weinheim 2005
- Kumbier, D. / Schulz von Thun, F. (Hrsg.): **Interkulturelle Kommunikation**; Hamburg 2006
- Lohmann, Friedrich: **Konflikte lösen mit NLP**; Paderborn 2003
- Maeyer, Gregie de / Vanmechelen, Koen: **Juul**; Weinheim 1997
- Müller, Werner: **Spielmann, Clown, Theatermacher**; München 1994
- O´Connor, Joseph / Seymour, John: **Neurolinguistisches Programmieren**; Freiburg 2004
- Spitzer, Manfred: **Lernen**; München 2007
- Taylor, David: **the naked leader**; Wien 2004
- Weidner, J.: **Anti-Aggressivitäts-Training für Gewalttäter**; Bonn 1997

Internetseiten

Natürlich ist es keine angenehme Sache festzustellen, dass die Leute, die mit einem übereinstimmen, vollkommen wahnsinnig sind. (Philipp K. Dick, Valis)

www.aheyer.de
www.axel-dumschat.de
www.baer-sch.de
www.bayern.jugendschutz.de
www.coolness-training.de
www.dvnlp.de
www.ewto-gewaltpraevention.de
www.fassmichnichtan.de
www.faustlos.de
www.flora-silikat.de
www.friedenspaedagogik.de
www.gewaltakademie.de
www.holger-schlafhorst.de
www.jugend.essen.de

www.kfn.de
www.konfrontative-paedagogik.de
www.labor-k.de
www.lehrerinfo-bayern.de
www.lidia-bayern.de
www.lions-clubs.de
www.prof-jens-weidner.de
www.rabe-training.de
www.schulberatung.bayern.de
www.schulen.regensburg.de
www.verfassungsschutz.de
www.wingtsunwelt.com
www.wikipedia.de

Autor

„Größe nicht bedeutend ist." *(Jedi-Meister Yoda)*

Tim Bärsch

- Mensch mit Jahrgang 1972, Sohn, Enkel, Vater, Ehe- und Mann u.v.m.
- Diplom-Sozialarbeiter / Diplom-Sozialpädagoge
- Anti-Aggressivitäts-, Coolness-, WingTsun- und Deeskalationslehrtrainer
- Systemischer und NLP-Coach (ProC / DVNLP)
- Erfahrungen in den Bereichen Gewaltprävention (alle Altersklassen), Kampfkunst, Sicherheitsdienst, Jugendamt und Erwachsenenbildung

Für Fragen, Anregungen, Kritik, Konzepterstellungen, Mitarbeiterschulungen und Fortbildungsangebote stehen wir Ihnen gerne zur Verfügung.

BaER®-sch Deutschland
Bewältigung **a**ggressiver **E**motionen und **R**eaktionen
Deeskalation, Gewaltprävention und Coaching
Geschäftsführung: Tim Bärsch
Internet: http://www.baer-sch.de
Epost: kontakt@baer-sch.de